BISUTERÍA

Elvira López Del Prado Rivas

TD TÉCNICAS DECORATIVAS

Ⓔ Parramón

BISUTERÍA

Parramón ediciones, s.a.

Sumario

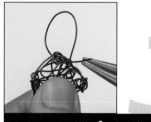

capítulo 4

LA BISUTERÍA CON FIELTRO

capítulo 5

LA BISUTERÍA CON ARCILLA POLIMÉRICA

capítulo 6

LA BISUTERÍA CON PAPEL Y TELA

A Introducción

l abordar un libro sobre bisutería, detallado paso a paso, lo primero que hay que hacer es acotar el tema y enfocarse en una dirección. Debido al amplísimo universo que conforma esta disciplina, imposible de compendiar en un solo libro, hemos centrado todos los proyectos en la elaboración de joyas de bisutería inspiradas en trabajos de manualidades e integradas por piezas únicas y autónomas. Estas piezas serán las protagonistas indiscutibles de futuras joyas, creadas por el lector, inspiradas a partir de los siguientes ejercicios.

El capítulo primero nos prepara ya el ojo y la conciencia para nuevos y no tan nuevos lenguajes de expresión creativa que iremos descubriendo a lo largo de toda esta obra. Partiendo de la base de que nuestro equipo básico de trabajo son nuestras propias manos, en el segundo capítulo se tratan en profundidad los diferentes materiales y herramientas de que disponemos para ayudarnos con ellas. Se explican además los distintos usos de cada instrumento, en función de la tarea que se precise realizar y del resultado pretendido.

A continuación, cada capítulo se centra en la realización de piezas de bisutería en un material diferente: el alambre, el fieltro, la arcilla polimérica, el papel y la tela. En estas páginas, se desarrollan con todo detalle varias técnicas para trabajar con cada uno de estos materiales, lo cual se complementa con un breve apartado que expone las posibles variaciones sobre las técnicas antes explicadas y trabajadas. Para finalizar, se ofrece una galería de imágenes que expone las obras de artistas internacionales, realizadas todas ellas en los materiales que contempla este libro.

Elvira López Del Prado Rivas
Diseñadora de joyas y bisutería

1

La bisutería

La bisutería ha sufrido modificaciones conceptuales con el paso de los años y de la evolución intelectual de la sociedad. Inicialmente concebida como imitadora en materiales no preciosos de la alta joyería, el concepto fue evolucionando. Difuminándose en algunas ocasiones debido a la falta de diálogo con la moda, y en otras adquiriendo un protagonismo inusual en el mundo de los complementos como ha ocurrido en las últimas décadas. Parte del desarrollo intelectual y psicológico del ser humano se basa en el reconocimiento de su identidad. Esta identidad con la que nos presentamos ante el resto de la sociedad nos la proporciona, en gran medida, la ropa y sus complementos, que nos identifican e integran dentro de un grupo social. La tradicional distancia jerárquica entre joyería y bisutería ha llegado al punto de casi desaparecer debido a la creación de joyas en las que se usan nuevas tecnologías y materias.

Historia

La historia de la humanidad no puede contarse sin mencionar la bisutería y la joyería, que comparten el mismo origen.

Desde tiempos prehistóricos el ser humano ha sentido la necesidad de adornar su cuerpo; en ocasiones, con símbolos guerreros o elementos de protección, pero en la mayoría de los casos se utilizaron los adornos personales como distintivo de poder y autoridad.

Con la evolución del individuo y de sus necesidades evoluciona también la historia de la bisutería. En este apartado, nos remontaremos a los inicios del concepto de bisutería y veremos cómo ha evolucionado.

Inicios

En la Prehistoria, los objetos de adorno personal eran muy básicos, ya que el ser humano utilizaba todo aquello que le era fácil de encontrar y manipular, como piedras, valvas de moluscos, caracolas, huesos, fósiles, semillas, etc.

Las cuentas más antiguas que se conservan hasta la fecha fueron halladas por el profesor Christopher Henshilwood de la Universidad de Bergen en Noruega, y datan de hace unos 75.000 años. Se conocen con el nombre de *Nassarius beads*, y fueron encontradas en Blombos Cave, Sudáfrica. Constituyen parte de un collar de valvas de moluscos, agujereadas todas por la parte central y que aún conservan la marca del hilo que las portaba.

Con la evolución del ser humano aprendimos a distinguir, recolectar y trabajar otros materiales más preciosos como el coral o los metales; por otro lado, el desarrollo de las herramientas y su especialización en diferentes funciones hicieron posible la creación de piezas cada vez más exquisitas.

Reproducción de las cuentas *Nassarius beads* halladas en la cueva de Blombos, Sudáfrica.

Collar de semillas procedente de Sudamérica y collar de cuentas de cristal de Sudáfrica.

La bisutería

Antes de la década de 1920-1930, las joyas eran algo destinado a la aristocracia, la nobleza y la realeza, quienes ostentaban piezas realizadas con materiales nobles y piedras preciosas.

Cada acto público o reunión social era un escaparate donde las damas de la alta sociedad tenían la ocasión de exhibirse engalanadas de ricos vestidos y valiosas joyas.

Había joyas diseñadas y destinadas para cada ocasión, y no sólo nos referimos a collares, broches, anillos o pulseras sino también a objetos de tocador como cajitas, peines, cepillos o incluso pasadores de pelo y ganchos de sombreros.

Con la aparición de la clase media, a medio camino entre la pobreza y la opulencia, que se consolidó como una nueva y creciente clientela, comienza también la demanda de productos de bajo y medio coste.

De este modo, entre 1920-1930 se desarrolla una producción masiva de bisutería con materiales no nobles, distintos a los usados tradicionalmente en joyería. Así se abre la brecha que ha durado hasta nuestros días entre la joyería tradicional extremadamente conservadora, que utiliza metales y piedras preciosas, y la bisutería atrevida e innovadora en cuanto a técnicas y materiales.

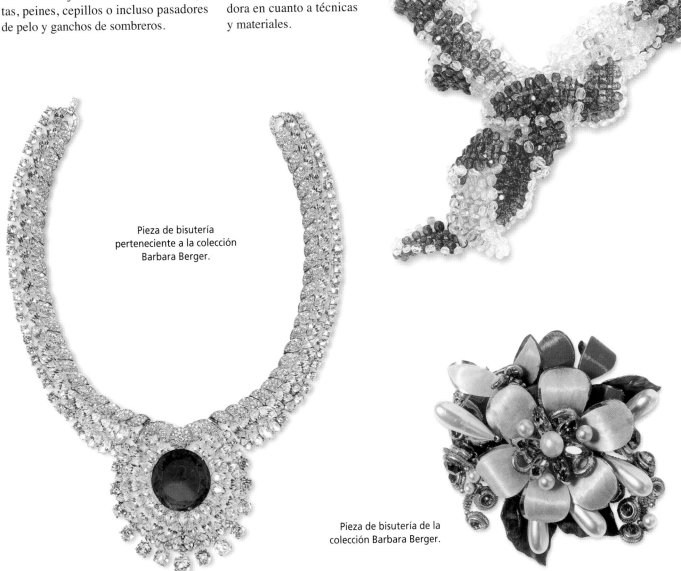

Pieza de bisutería perteneciente a la colección Barbara Berger. Cuando los diseñadores de moda introdujeron la bisutería en sus colecciones ésta adquirió su presencia real.

Pieza de bisutería perteneciente a la colección Barbara Berger.

Pieza de bisutería de la colección Barbara Berger.

Moda y tendencias

La bisutería actual se entiende como un complemento del vestir y es expuesta por las marcas de moda destinadas a un público adolescente y juvenil. Se muestra en los escaparates como un elemento indispensable en aquellas tiendas de ropa que no son firmas de diseño. Estas piezas de bisutería tienen precios asequibles y una vida limitada, al igual que la moda, los gustos y las tendencias, que varían de un año a otro.

Paralelamente a esta bisutería "de la calle" fabricada de forma masiva e industrial, existe una bisutería de autor en alza. Resulta mucho menos asequible y más atrevida, y se destina a mentes dispuestas a trasgredir barreras conceptuales. Para esta bisutería-joyería expresiva todos los materiales son aptos. Reciclados o no, preciosos o no, papel, plástico, pegamento, etc.

Se llega incluso al extremo de crear piezas imposibles de llevar en un día de trabajo o para llevar los niños al colegio, bien por los materiales usados, por sus dimensiones, o sencillamente porque son obras conceptuales que rayan lo escultórico y fueron concebidas para ser expuestas en una galería y no para llevarlas encima.

Cloud, colander, radiator, perteneciente a la serie "The cup as ring", plástico, Sarah Kate Burgess, EE.UU. Toda la obra de esta artista está cargada de contenido, nada es obra del azar. Este trabajo nace de la afirmación de que los objetos cotidianos están diseñados como ornamentos para el cuerpo humano.

Set, también pertenece a la serie "The cup as ring", plástico, obra de Sarah Kate Burgess, EE.UU. Esta artista reclama reengancharse con el encanto de la vida cotidiana.

Pulsera *Moss*, plástico, obra de Ineke Otte, Holanda. Artista y diseñadora no sólo de joyas. Esta autora se inspira casi por completo en la naturaleza, de donde toma colores, formas y texturas para realizar sus sinuosas y sugerentes piezas.

Garden ring, plexiglás, acetato y plata, obra de Burcu Büyükünal, Turquía. Coloridas y divertidas piezas rellenas con pajillas de colores de las que se usan para beber refrescos.

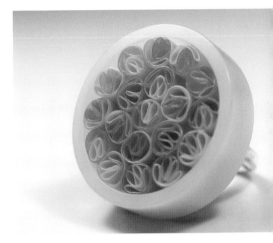

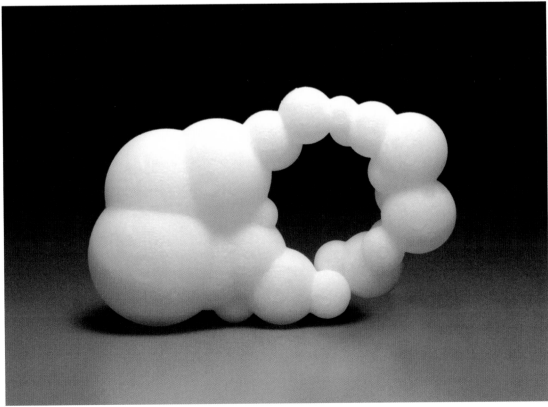

Bubble ring, plástico ABS (molde de espuma de poliuretano), obra de Arthur Hash.

Pulsera de plexiglás, acetato y plata, obra de Burcu Büyükünal, Turquía.

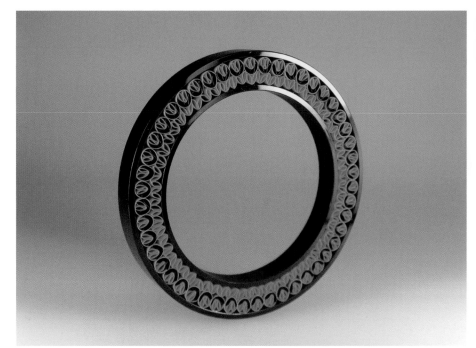

Collar *Hot Glue*, hebras de pegamento de silicona caliente, realizado por Arthur Hash.

Pulsera *Bag Orange*, plástico, obra de Arthur Hash, EE.UU.

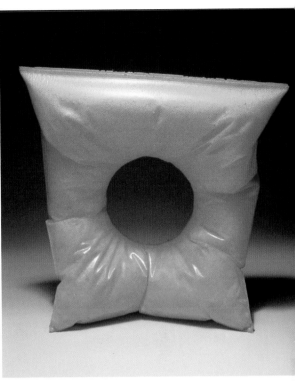

Colgante de resina. Realizado por Elvira López Del Prado, 2007, Barcelona, España.

Broche realizado en arcilla polimérica y latón. Realizado por Elvira López Del Prado, 2007, Barcelona, España.

Inspiraciones

Existen muchas formas de desarrollar nuestra creatividad artística. Al inspirarnos para desarrollar un trabajo nos vemos influenciados directamente por diversos estímulos. Cada proceso creativo lleva ligado un estímulo que ha sido el detonante de la inspiración. La búsqueda de estos estímulos ha sido una fijación para los artistas de todos los tiempos, y todos los seres humanos tenemos la capacidad de reaccionar ante estímulos de belleza. Cualquier situación puede activar automáticamente eso que llamamos inspiración.

El diseño

De una inspiración nace una idea y esa idea es la que debemos fijar lo antes posible en un bloc de notas.

Se aconseja disponer de un bloc o cuaderno de hojas blancas donde ir anotando todas las ideas y las inspiraciones que nos salgan al paso, incluso, si es posible, donde ir pegando pedazos de aquello que nos inspiró: una flor, unas fotos, una postal, unas palabras...

Tampoco está de más realizar un pequeño esbozo de lo que queremos hacer, de esta forma, aunque pase el tiempo, antes de abordar cualquier proyecto tendremos la idea plasmada en nuestro cuaderno.

Además de hacer un diseño sobre papel, podemos realizar un prototipo inicial sobre masilla, por ejemplo sobre plastilina.

Sección del cuadro *La primavera*, de Sandro Botticelli (c. 1478). Las tres gracias han sido representadas infinidad de veces por artistas de todas las épocas. Simbolizan las diosas del encanto, la gracia y la belleza, fuentes constantes de inspiración.

Prototipos de proyectos, esbozos y apuntes que nos serán útiles
al desarrollar un proyecto.

Diversos libros de historia de la joyería desde sus orígenes y libros
con explicaciones paso a paso que nos pueden ser muy útiles
como fuentes de inspiración.

Bodegón
confeccionado con
recuerdos, postales y
objetos que puedan
resultarnos fuentes
de inspiración.

Hazlo tú

En los últimos años se ha desarrollado una tendencia artística y no artística inspirada en el movimiento punk DIY (*do it your self*), en español "hazlo tú mismo". Este nuevo concepto de marketing tiene ventajas para el consumidor y para la empresa que lo vende.

Por un lado, quien adquiere un producto con el lema "hazlo tú" sabe que tiene la ventaja de que le sale más barato, y las empresas que utilizan este concepto como incentivo en el marketing de venta abaratan los costes de montaje.

Esta tendencia se ha extendido a la bisutería. Basadas en este concepto, han surgido por todo el mundo tiendas especializadas en el asesoramiento y en la venta de artículos y herramientas destinados a que el cliente confeccione sus propias creaciones.

Además de tiendas físicas, encontramos en Internet páginas web donde cualquier usuario puede acceder a tutoriales que se descargan de forma gratuita. Estos tutoriales detallan paso a paso cómo realizar bisutería con los más diversos materiales y técnicas. Es posible encontrar en la web un formato a modo de cuaderno de bitácora *on line* denominado *blog*. El *blog* es un recurso de comunicación interactivo que permite la participación activa y el intercambio de conocimientos e ideas entre sus usuarios.

Ring Stich, de la colección "Do It Your Self", papel, obra de Sarah Kate Burgess, EE.UU. Según su creadora, el encanto de estas joyas de papel reside en la experiencia de hacerlas cada cual con sus propias manos.

Guía de un fabricante de Jig donde se explica cómo el usuario puede realizar con facilidad labores de filigrana.

Ring Patch, de la colección "Do It Your Self", papel, obra de Sarah Kate Burgess, EE.UU. Para realizar estos anillos, se puede descargar gratuitamente el patrón desde su página web.

Cuentas de bisutería realizadas en resina por los alumnos de un curso en el que se imparten lecciones de bisutería con el lema "hazlo tú mismo".

Presentación de anillos en arcilla polimérica realizados siguiendo las indicaciones de varios *blogs* expuestos en la red.

Diversos tutoriales procedentes de *blogs* en Internet donde se detallan paso a paso varias técnicas de arcillas poliméricas.

Alumnos trabajando en la creación de sus propios diseños.

Objets trouvés

El campo de la bisutería se rige por las mismas directrices que el mundo de la moda, esto significa que se mueve a un ritmo vertiginoso.

La moda es un movimiento efímero, que nace y muere varias veces en un mismo año. Los colores, los tejidos, las inspiraciones están en constante cambio. La bisutería sufre estos mismos cambios.

Uno de los cambios más duraderos en las últimas tendencias es el arte de realizar piezas a partir de objetos encontrados. Tales objetos apenas se alteran, se adaptan respetando al máximo posible su naturaleza.

Ahí reside precisamente su encanto, en ser piezas "robadas" a otros usos para pasar a formar parte de complementos de bisutería. Estos "encuentros" son vistos por ojos educados en el arte del reciclaje.

Tussie Mussies, 2000, obra de Natalie Lleonart. Broches realizados a partir de piezas de bisutería antiguas.

Collar *Twinset*, 2003, obra de Natalie Lleonart. Collar realizado con agujas de hacer punto de colores antiguas.

The book of risks: taken and untaken, 2002, copyright, oro de 18 quilates, cobre y procesos múltiples, obra de Alyssa Dee Krauss.

Colgante con dos bolas de porcelana de la década de 1950. Estas piezas fueron encontradas en un mercado de antigüedades. Elvira López Del Prado.

Diversos objetos encontrados dispuestos para ser transformados en piezas de bisutería.

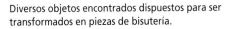

Snapped pertenece a la serie "Accumulation", de Sarah Kate Burgess. Estas piezas combinan elementos decorativos dorados extraídos de viejas postales de vacaciones con dibujos de formas efímeras y collares lujosos. Adquieren sentido e importancia gracias a que siguen un esquema de construcción, según la propia artista.

Pulsera *Twinse*, 2003, creada por Natalie Lleonart. Está realizada con agujas de hacer punto de colores antiguas.

Crack pertenece a la serie "Momentary", obra de Sarah Kate Burgess, EE.UU. Trabajo conceptual según el cual Sarah Kate Burgess trata de facilitarnos una visión más amplia del adorno personal. Ésta pertenece a una serie de trabajos donde los objetos diarios son estructurados en ornamentos momentáneos.

Pulsera en la que se han usado sólo hojas de palma, es obra de Elvira López Del Prado, Barcelona (España), 2007.

Collar *Primavera*, realizado a partir de guirnaldas decorativas. Es una obra de Elvira López Del Prado, Barcelona (España), 2007.

Collar de fiesta. Fue creado a partir de adornos navideños reciclados. Es una creación de Elvira López Del Prado, Barcelona (España), 2004.

Anillos y cuentas de resina realizados a partir de fotografías antiguas y piezas encontradas, creación de Elvira López Del Prado, Barcelona (España), 2005.

Anillo realizado con una piedra de río decorada con *window* color y un botón.

c a p í t u l o

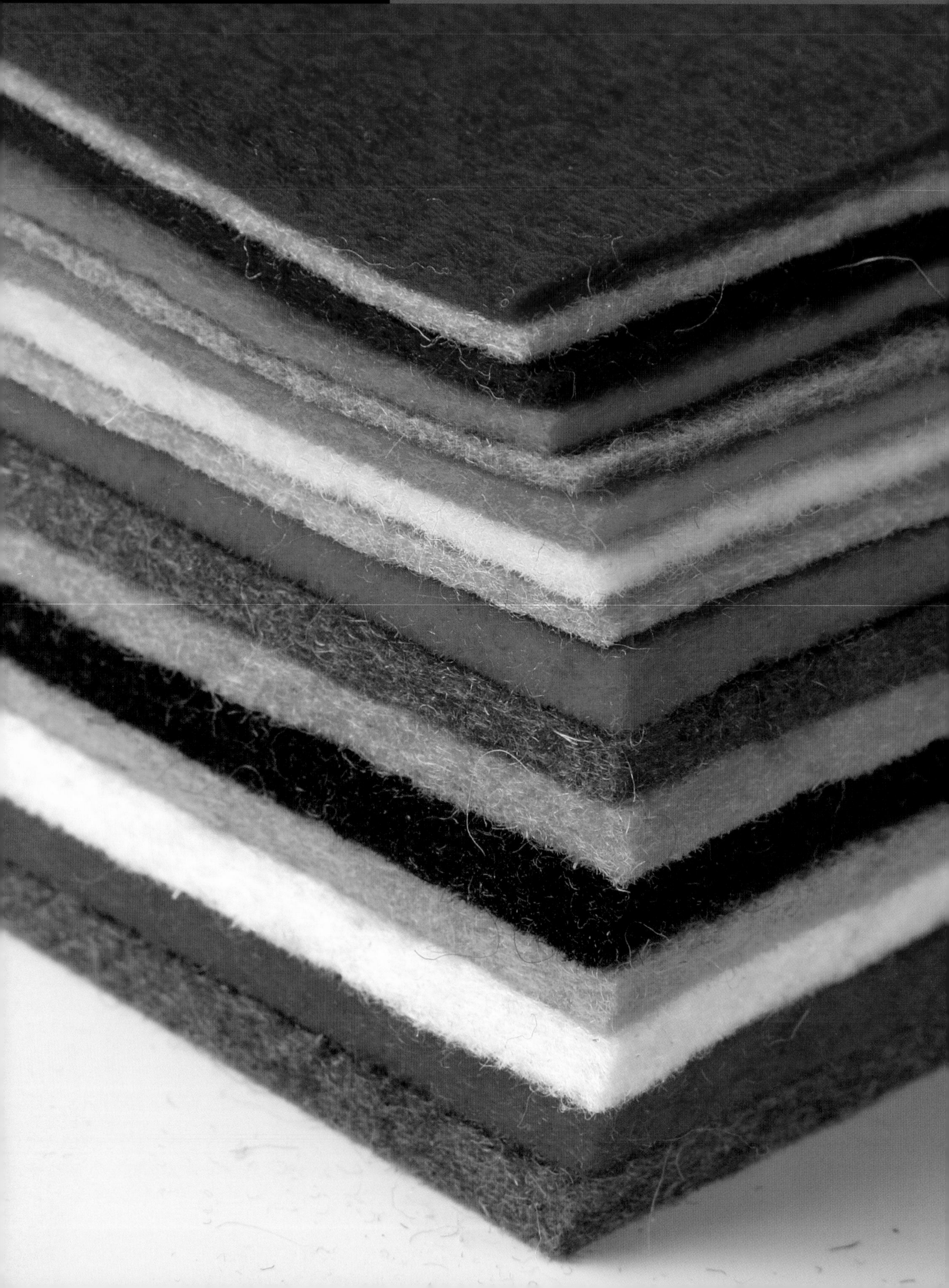

Herramientas y materiales

Los utensilios que ofrece el mercado para confeccionar bisutería son extremadamente numerosos. Por esta razón, aquí mostraremos sólo los específicos para la tarea que nos ocupa, es decir, los materiales principales con los que realizamos las piezas de bisutería de este libro.

El objetivo del presente capítulo es que el lector se familiarice con los formatos de presentación y las instrucciones básicas al trabajarlos.

Las herramientas que se detallan también son específicamente las que necesitaremos para explicar los paso a paso; no obstante, existen infinidad de ellas, cada una adaptada a una necesidad y pieza concretas.

Veremos también cómo debe situarse y organizarse un pequeño taller y cuál es la mejor forma de iluminarlo.

El taller de bisutería

Cuando hablamos de un taller para bisutería probablemente
el lector imagine un gran espacio lleno de cajas y herramientas,
pero lo cierto es que para iniciarse en este arte podemos usar
nuestra casa y adecuar la mesa del comedor o de la cocina,
siempre que cuenten con una buena iluminación.
Una de las ventajas de la fabricación de bisutería es que los
materiales y herramientas que se utilizan son de pequeño tamaño
y requieren poco espacio de trabajo y almacenaje.

Organización

Una buena mesa de trabajo y una silla
con un respaldo cómodo son importantí-
simas para no dañar nuestra espalda con
malas posturas. Debemos descansar la
espalda de vez en cuando sobre la silla,
y no fijar la vista en las pequeñas piezas
durante períodos prolongados. Para facilitarnos el trabajo es recomendable tener
a mano todos los utensilios, los botes lle-
nos de fornituras, las herramientas, etc.

Disponer de varias cajitas organizadoras
con separadores e ir guardando en ellas
nuestros materiales, herramientas y fornituras nos será muy práctico, ya que
nos permiten distribuir el espacio de trabajo y transportar los materiales fácilmente. Un buen truco de organización
es ordenarlos por familias, colores y
tamaños, así podemos localizar lo que
necesitamos con rapidez, hasta que podamos contar con nuestro propio espacio de trabajo.

Botes y tarros
transparentes para
organizar y ver
dónde se encuentra
cada fornitura.

Diversas cajas con separaciones muy prácticas
para transportar materiales pequeños.

Organización de las
herramientas.

La iluminación

La iluminación es un tema muy importante que han de tener en cuenta todas
aquellas personas que trabajan por períodos largos con piezas muy pequeñas y
han de forzar el enfoque de los ojos. La
iluminación idónea es la luz natural.
Ubicaremos nuestra silla de modo que la
luz venga de atrás, de la izquierda para
las personas diestras, y de la derecha
para las personas zurdas, procurando que
nunca nos haga sombra con las manos.
Si no podemos contar con luz natural, lo
mejor es combinar la luz halógena indi-
recta con un flexo que ilumine directamente nuestras manos.

La luz procede de detrás y del lateral izquierdo.
Ésta es la mejor iluminación para trabajar.

Herramientas

Las herramientas que se usan en bisutería son diversas; aquí, se hallan divididas en básicas y adicionales. En estos apartados, el lector encontrará otras subdivisiones en función del servicio que presten.

Veremos cómo algunos aparejos de uso doméstico pueden ayudarnos en la elaboración de bisutería. Todas estas herramientas son fáciles de encontrar en ferreterías y en tiendas especializadas. Las de uso doméstico pueden adquirirse incluso en supermercados.

Básicas

Cuando hablamos de herramientas básicas, hacemos referencia a todas aquellas que no deben faltar nunca en un taller de bisutería donde se trabajen los materiales que se detallan en este libro.

Para facilitar su reconocimiento y posible almacenaje las hemos estructurado según su función práctica: de corte, de clavar, de soporte, de modificar y auxiliares.

De corte

Como su nombre indica, son las herramientas destinadas a cortar los diferentes materiales. Existen herramientas de corte específicas para cada material, como las tijeras, las cuchillas, los cortadores y alicates, que a continuación explicamos. Todos estos materiales se encuentran en ferreterías y tiendas especializadas en manualidades.

• Tijeras

Se encuentran fácilmente, no tienen que ser especiales pero sí deben estar bien afiladas.

• Cuchillas de cortar

Las usaremos para seccionar la arcilla polimérica, por lo que preferiblemente deberán poseer un mango ancho que nos permita dirigir bien la presión y efectuar un corte limpio. También deben estar bien afiladas.

• Alicate de corte

Especialmente útil para realizar cortes sobre metales poco gruesos. En este libro veremos cómo seccionar con él alambre de cobre.

También se comercializa en las ferreterías, en varios tamaños y formas, en función del calibre del alambre que precisemos cortar.

Alicate de corte.

Cuchillas de cortar.

Tijeras.

• Cortadores metálicos

Son prácticos para efectuar cortes limpios sobre la arcilla polimérica sin deformarla. Existe una gran variedad de formas y tamaños en el mercado. El lector podrá encontrarlos en tiendas especializadas en productos para arcilla polimérica, donde se comercializan metálicos y de plástico, si bien los más apropiados son los primeros porque sus bordes son más afilados.

Cortadores de diversos
tamaños y formas.

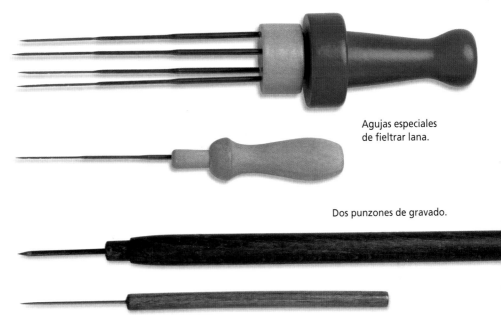

Agujas especiales
de fieltrar lana.

Dos punzones de gravado.

De clavar

Esta denominación incluye los instrumentos que usamos para agujerear o para trabajos con incisiones: agujas de fieltrar, agujas de coser finas, agujas de coser lana y punzones para gravar.

• Herramienta de fieltrar la lana

Esta herramienta consta de un mango, que puede ser de madera, plástico o metálico, al cual se incorporan una o varias agujas especiales para fieltrar. Cada una de estas agujas está provista en el extremo de unas pequeñas protuberancias que facilitan el proceso de fieltrado.

La de cuatro agujas se usa para trabajar superficies más grandes de fieltro y la que sólo tiene una es para realizar trabajos de filigrana o para superficies que requieren una mayor precisión.

El aspecto de esta herramienta varía según el fabricante.

El trabajo con agujas requiere extremar las precauciones, ya que son muy afiladas.

• Agujas de coser finas

Son las agujas que tradicionalmente se usan para coser la ropa. En los ejercicios de este libro usaremos en repetidas ocasiones las agujas de coser, que nos servirán para unir piezas de fieltro cuando sea imposible pegarlas con pegamento, también nos servirán para coser retales de tela.

• Las agujas de coser lana

Estas agujas son iguales que las anteriores pero un poco más grandes, ya que se usan para coser prendas de lana. Al tener un ojo muy grueso resultan muy prácticas para pasar los cordones por las bolas de fieltro con la ayuda de un alicate.

• Punzones de gravado

Estos punzones constan de una pieza de madera, normalmente, con un extremo metálico afilado que se utiliza en grabado para practicar incisiones sobre el metal. Nos serán de utilidad para hacer agujeros a las piezas de arcilla polimérica. También se pueden usar para decorar con texturas e incisiones.

Varias agujas finas y agujas de coser lana.

De soporte

Denominamos aquí herramientas básicas de soporte aquellas que usamos para sostener las piezas de bisutería mientras trabajamos, como el jig, el perno para enrollar alambre, las barras medidoras de anillos, el yunque y la espuma sintética.

• Jig

El jig consiste en una placa completamente agujereada y en unos bastones de distinto grosor, y suele tener forma cuadrada, redonda o rectangular.

Los más habituales son de plástico o metálicos. Esta herramienta se usa para trabajar el alambre de diferentes grosores, pues permite realizar piezas en serie.

• Perno para enrollar alambre

Esta herramienta sirve para enrollar alambres. Se la suele conocer por Coiling Gizmo o Twister, que son dos de las muchas marcas que la comercializan.

Básicamente, sirven para realizar espirales de diversos tamaños, para lo cual este instrumento contiene diferentes piezas intercambiables. El lector encontrará instrucciones detalladas sobre su uso al adquirirlas en el establecimiento de compra.

En el apartado dedicado al alambre realizaremos un ejercicio usando un perno. El resultado es muy profesional.

• Barras medidoras de anillos

Es un palo alargado con forma ligeramente piramidal sobre el que, habitualmente, van inscritas las diferentes tallas de anillos así como su diámetro en milímetros. Se encuentran metálicas, de plástico o madera.

Las de plástico y madera tienen la cualidad de pesar poco, y al ser más ligeras son fáciles de transportar, y las metálicas son más adecuadas para los trabajos con alambre porque sujetan mejor las piezas.

Jig de plástico.

Jig metálico.

Pernos para enrollar
el alambre.

• Yunque pequeño

El yunque es una pieza de metal maciza que se usa para soportar piezas metálicas de pequeño tamaño que golpearemos con una maza, también de metal, ya que el fin es aplastar el alambre.

Es conveniente usarlo sobre una superficie fija al suelo o sobre el mismo suelo, incluso podemos colocarlo sobre una toalla para que amortigüe el golpe y no haga demasiado ruido.

• Espuma sintética

Se emplea para el fieltrado de lana con agujas. Este proceso se realiza clavando sucesivas veces la aguja en la lana, por lo cual necesitamos una base blanda para no romper la aguja. La espuma debe tener un mínimo de 7 u 8 cm de grosor.

Espuma sintética.

Barras medidoras
de anillos.

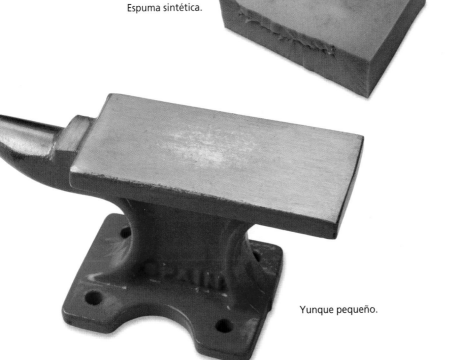

Yunque pequeño.

Maza y martillo.

De modificar

Son todas las herramientas que alteran las características físicas o químicas del material.

En realidad, casi todas nuestras herramientas modifican de alguna manera los materiales, pero las que explicamos a continuación están diseñadas específicamente para ello: las mazas, los martillos, el papel de lija, la máquina de laminar, el horno casero y la pistola de calor.

• Mazas y martillos

Existe un amplio abanico de posibilidades donde escoger, en función del material que queremos amartillar.

Las que vamos a utilizar en los paso a paso son para amartillar y aplanar el alambre. Adaptamos siempre el tamaño de la maza al del alambre o de la pieza realizada con él.

• Papeles de lija al agua

Estas lijas se presentan en un amplio gramaje. El tamaño del grano con el que se lija se especifica en la parte trasera de cada papel por un número. Cuanto menor es ese número mayor es el grano de la lija. En el proceso de lijado siempre se comienza con un número pequeño (dependiendo de lo estropeada o agrietada que esté la pieza) y se acaba por el más alto, 1.000 o 1.200, por ejemplo.

Se denominan lijas de agua porque se trabaja con ellas bajo el agua o en mojado, a fin de que no sean abrasivas con el material.

En este libro las usamos para trabajar la arcilla polimérica, para lo cual empleamos lijas de los nº 320, 600 y 1.200.

Máquina de laminar.

Pistola de calor.

Papeles de lija al agua.

Horno eléctrico.

• Máquina de laminar

En realidad, esta máquina se usa en cocina para la elaboración de pasta fresca, pero los artistas de polímeros han encontrado en ella una magnífica ayuda para elaborar láminas perfectas, que son la base de infinidad de técnicas en arcilla polimérica.

Consta de dos rodillos que pueden ser graduados de apertura; esta apertura varía según la marca que lo fabrica.

• Horno eléctrico

Para trabajar con arcilla polimérica es imprescindible que contemos con un horno eléctrico para cocer las piezas. Éste debe poseer un termostato y un temporizador.

• Pistola de calor

Esta herramienta se usa para trabajar la arcilla polimérica.

Aplicando calor sobre una pieza cocida aumenta el brillo de ésta. Así pues, si trabajamos con arcilla polimérica translúcida o arcilla en formato líquido, una vez cocida la pieza en el horno le podemos aplicar calor con la pistola para aumentar su transparencia y brillo. Es posible usarla como único medio de cocción, pero resulta preferible que la cocción se realice mediante un horno eléctrico, pues las piezas adquieren mayor resistencia.

Auxiliares

Como herramientas auxiliares deben constar todas las piezas, convencionales o no, que en un determinado momento nos pueden servir de ayuda.

A continuación, nos centraremos en las que nos serán de utilidad para realizar los ejercicios de este libro: alicates, pinzas de joyero, lápiz y goma de borrar.

• Alicates

Todos sirven para sujetar, aunque su forma condiciona usos determinados.

Un alicate de punta cónica sirve para sujetar el alambre y apretar chafas y terminales de collares, los de punta plana son para sujetar piezas grandes y chafar, los de media caña alargados son para sujetar y chafar y los de punta redondeada, para realizar trabajos circulares con alambre; estos últimos son muy útiles para abrir y cerrar arandelas sin romperlas.

• Pinzas de joyero

Se usan para trabajos con abalorios y para sustentar el material con el que trabajamos. Los más básicos se abren al ser presionados, de manera que mientras no los presionemos mantendrán las piezas sujetas.

• Lápiz y goma de borrar

Conviene tenerlos a mano, ya que los usamos para realizar marcas en el fieltro y en el papel.

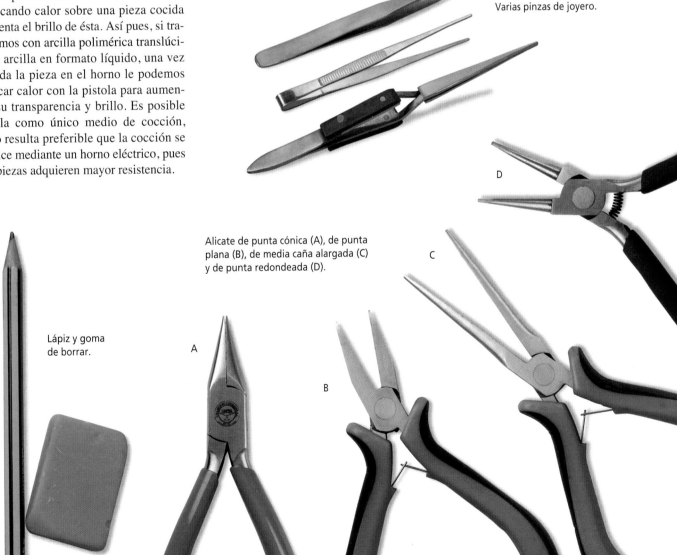

Varias pinzas de joyero.

Alicate de punta cónica (A), de punta plana (B), de media caña alargada (C) y de punta redondeada (D).

Lápiz y goma de borrar.

Adicionales

En estas páginas veremos otras herramientas usadas para otros fines habitualmente en el ámbito doméstico, tales como pinzas de la ropa, botes de plástico, manteles, etc., pero que pueden también sernos útiles para nuestros trabajos de bisutería. Las hemos dividido en herramientas de soporte y herramientas auxiliares.

De soporte

En este caso, las herramientas de soporte básicas no son profesionales sino de uso cotidiano, como el papel de aluminio, las pinzas, los palillos, el metacrilato y algunos botes.

• Papel de aluminio

El papel de aluminio es un material idóneo para forrar la bandeja del horno, pues evita que se manchen las piezas planas que vayamos a cocer.

También se usa de estructura interna de las bolas de arcilla polimérica. Realizamos primero una bola de aluminio y luego la forramos de arcilla polimérica, así conseguimos que las bolas pesen muy poco y gastamos, además, poco material.

• Toallas

Las toallas se usan para trabajar fieltro en mojado, para evitar que el agua se derrame por toda la mesa de trabajo. No precisan ser de un material especial, pero sí debemos tener en cuenta que algunos tintes de fieltro destiñen y podrían teñir la toalla.

• Pinzas de tender

Resultan muy útiles para cocer bolas en el horno. Preferiblemente las de madera, se colocan una frente a la otra y sirven para sujetar una varilla metálica llena de bolas de arcilla polimérica.

• Palillos morunos

Sirven como sujeción de piezas mientras las barnizamos o hacemos trabajos de *découpage*. Deben ser redondos, de madera o de metal. Se introducen por el orificio de la pieza para sostenerlas con mayor facilidad.

• Placa de metacrilato

Nos permite darle forma a los polímeros sin dejar huellas antiestéticas, permitiendo en todo momento ver cómo está quedando la pieza.

Su tamaño no debe ser muy grande, a fin de que podamos sujetarla con una mano y presionar sobre la arcilla para aplastarla. Podría servirnos cualquier superficie satinada y rígida como una tapa de CD, un espejo pequeño, etc., pero nunca madera, ya que dejaríamos la textura de ésta grabada en la arcilla.

• Tarro circular

Lo utilizamos como base para trabajar el alambre. En los ejercicios dedicados al alambre trabajamos con estas bases, pero el lector puede usar cualquier base geométrica que le agrade, sin ser necesariamente redonda o de plástico, puede emplear cualquier material y cualquier base rígida.

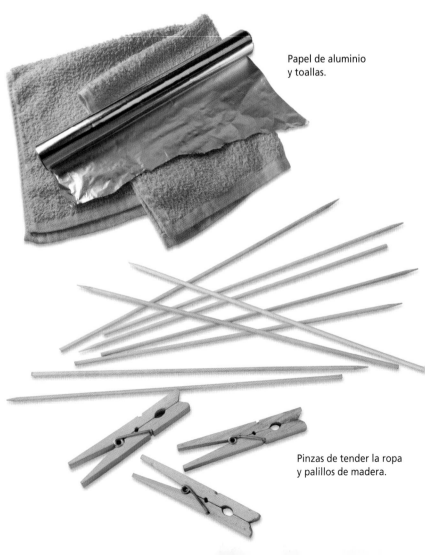

Papel de aluminio y toallas.

Placa de metacrilato y tarro circular de plástico.

Pinzas de tender la ropa y palillos de madera.

Auxiliares

Probablemente, a lo largo de nuestro recorrido como creadores de bisutería iremos necesitando herramientas o utensilios que pertenecen a otras disciplinas artísticas, como las varillas metálicas, el palillo de modelar, los pinceles, los cuencos e individuales de bambú...

Individual de bambú
y cuenco para el agua.

• Varillas de alambre finas

Sirven para sujetar las bolitas realizadas de arcilla polimérica en el horno mientras se cuecen. El grosor de las varillas lo escogeremos en función del agujero que tengan las bolas. Usaremos, por ejemplo, trozos de alambre de cobre, y las apoyaremos sobre unas pinzas de tender la ropa.

• Palillos de modelar

Estos palillos son especiales para modelar y texturizar. Se comercializan en plástico o madera, ambos son adecuados siempre que sean muy satinados. Los palillos para dar textura se usan habitualmente en tra-

bajos con porcelana fría (también conocida como porcelana rusa). Los usaremos para modelar y dar texturas a los polímeros. Se sirven en tiendas de manualidades.

• Pinceles

Los pinceles resultan útiles para aplicar pátinas, barnices y colas, así como para trabajar el *découpage*. Deben tener el pelo fino y suave.

• Individual de bambú y cuenco para el agua

El cuenco y el bambú se usan para trabajar el fieltrado de la lana en mojado. Más adelante explicaremos el método.

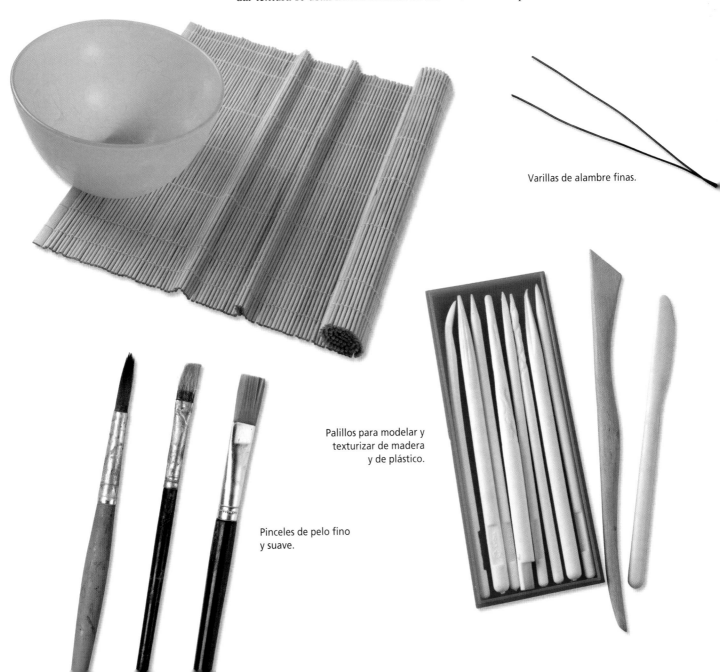

Varillas de alambre finas.

Palillos para modelar y
texturizar de madera
y de plástico.

Pinceles de pelo fino
y suave.

Materiales

En las siguientes páginas, vamos a explicar en detalle cada uno de los materiales necesarios para realizar la bisutería que se muestra en este libro. Estos materiales y las herramientas con las que se trabajan se han dividido según su función, pues de este modo resultarán más fáciles de identificar y reconocer. El apartado de materiales ha sido dividido en tres grandes grupos: materiales principales, adicionales y fornituras, hilos y abalorios.

Principales

El fieltro, al alambre, las arcillas poliméricas, el papel y la tela constituyen nuestro grupo de materiales principales y a partir de ellos explicaremos los materiales adicionales. Hemos escogido unos materiales muy diferentes entre sí, algunos de los cuales no se usan tradicionalmente en bisutería.

Haremos un breve recorrido por la historia de algunos de estos materiales para conocer mejor sus usos habituales.

Pendiente realizado en tubo tejido de cobre y arcilla polimérica. Obra de Elvira López Del Prado.

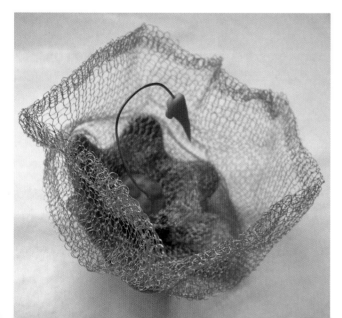

Diseño y realización de broche en tubo tejido de cobre y arcilla polimérica. Elvira López Del Prado.

Bobinas de cobre esmaltado
para mayoristas, de 1.000 m.

El alambre

El metal es uno de los materiales más antiguos que se conocen para la fabricación de joyería. El cobre, el oro y la plata fueron algunos de los primeros en conocerse y, por tanto, también los primeros en trabajarse.

En su formato de alambre, que consiste en hilos delgados obtenidos al estirar el metal, existen piezas de joyería que datan del año 2000 a.C., realizadas íntegramente en alambre de cobre. Tales piezas pertenecen a los antiguos sumerios. Asimismo, se han hallado piezas confeccionadas en alambre de cobre en algunas tumbas del antiguo Egipto, y se les atribuyen 4.000 años de antigüedad. Los romanos también conocían diversas técnicas para trabajar la joyería con alambre de metal. Incluso los vikingos descubrieron cómo hacer cadenas de metal sin soldaduras.

Tiempo después de inventarse la soldadura aún seguía usándose la joyería con hilo de alambre metálico porque era más barata de trabajar.

Después aparecieron otros metales resultantes de la aleación del cobre, por ejemplo, el bronce = cobre + estaño, latón = cobre + zinc (entre otros).

Otro metal muy usado en bisutería es el peltre, que resulta de la aleación del cobre + estaño + antimonio. Es un metal brillante de un color parecido a la plata.

Y la alpaca, que resulta de la aleación del cobre + zinc + níquel + estaño.

Todos estos alambres metálicos son muy populares en bisutería. Actualmente, existen otros que no provocan reacciones alérgicas, por ejemplo, el niobium, el titanio, el acero quirúrgico o el aluminio anodizado; este último se comercializa esmaltado en colores y recibe el nombre comercial de *magic wire*.

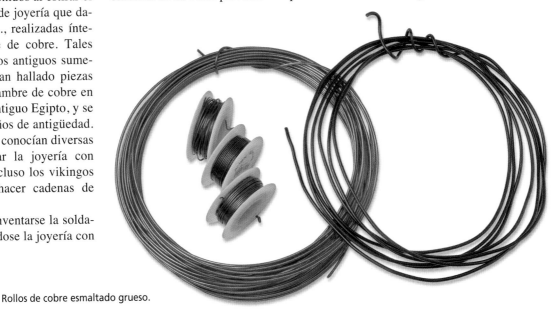

Rollos de cobre esmaltado grueso.

• **Alambre de cobre esmaltado**

En el mercado se encuentra alambre de cobre esmaltado en bobinas, las cuales tienen entre 22 y 1.000 o 1.200 metros, según el fabricante. Podemos adquirirlas en función de nuestra necesidad, pues se venden en una extensa gama de colores y en diversos calibres. Para iniciarse, es recomendable optar por unas bobinas de pocos metros a fin de obtener más surtido de colores y galgas, ya que las bobinas de más metros son más costosas.

A partir de 1 mm de grueso el alambre de cobre es muy duro de trabajar, pero proporciona resultados muy resistentes y duraderos.

Existen otras presentaciones para el cobre que son muy vistosas, por ejemplo, el cobre recubierto de plástico de colores o el tubo de cobre tejido.

Rollos de alambre de varios tamaños.

Bobinas de cobre esmaltado para minoristas, de 18 a 24 m.

Cobre recubierto de plástico de colores.

• Alambre de aluminio anodizado

Se presenta en colores y calibres variados. Es mucho más blando al manipularlo que el cobre, por lo que permite realizar piezas fáciles de modelar usando grandes gruesos. Se sirve en tiendas especializadas, por metros enrollados y en bobinas.

• Hilo de plata 925

Dependiendo de las piezas que vayamos a realizar, escogeremos un grosor u otro. Los hilos más flexibles oscilan entre 0,7 y 1 mm.

Menos de 0,7 mm resulta un poco frágil y más de 1 mm demasiado duro.

Es posible encontrar plata con una aleación de 930; en este caso, podemos escoger un calibre de 0,5 mm, ya que esta plata es más rígida.

Los hilos suelen venderse por metros, pero dependerá del establecimiento de venta.

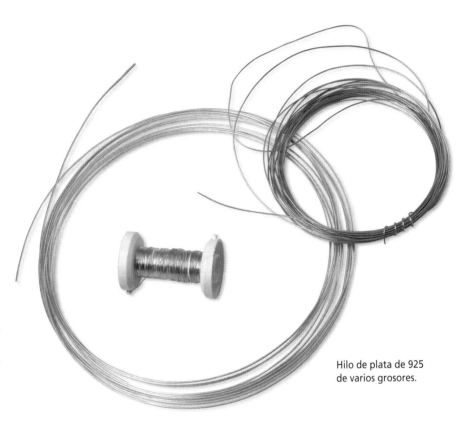

Hilo de plata de 925 de varios grosores.

Alambre de aluminio anodizado en colores y calibres variados.

El fieltro

Los inicios del fieltro son inciertos, pero hay evidencias arqueológicas que lo sitúan varios miles de años antes de Cristo. Es probable que se descubriese por casualidad, lo cierto es que fueron las tribus nómadas asiáticas las que lo utilizaron por primera vez. Esquilaban las ovejas para fabricar el fieltro con su lana, y este material les ayudaba a soportar las duras condiciones meteorológicas.

Cada fibra de la lana está formada por diminutas escamas que se abren al ser friccionadas. Si acompañamos esta fricción de agua caliente y jabón neutro aceleramos el proceso muchísimo. Cuando las escamas se abren no dejan que las fibras se desenreden, y cuando se enfrían y se secan éstas permanecen apelmazadas, dando lugar al fieltro.

Las células internas de la lana repelen el agua mientras que las externas absorben la humedad. Esta propiedad hace de la lana un material muy cálido.

Madejas de lana teñida sin fieltrar.

Planchas de fieltro industrial de 1 cm de grosor.

Rebaño de ovejas merinas.

Detalle de la diferencia de grosores
en el fieltro industrial.

Planchas de fieltro industrial
de 0,5 cm de grosor.

Para elaborar el fieltro de forma industrial se desarrolló un método basado en que miles de agujas a la vez perforaran la lana para fabricar fieltro sin la necesidad de usar agua y jabón.

Las agujas también se pueden usar para fieltrar lana manualmente o hacer decoraciones con ellas. En el capítulo donde se muestran las técnicas del fieltro, el lector encontrará este proceso explicado paso a paso.

En este libro vamos a trabajar con dos grosores de fieltro distintos, uno de 0,5 cm, al que denominamos fieltro fino, y otro más grueso, de 1 cm, al que denominamos fieltro grueso. Para trabajos de bisutería recomendamos usar fieltro de buena calidad, que encontraremos en tiendas especializadas en este material.

Pulsera y bolso realizados entrelazando tiras de envoltorios.

Papel y tela

El uso del papel y de la tela no es muy popular en bisutería y joyería; sin embargo, a lo largo y ancho del planeta existen artistas que basan sus creaciones en estos materiales.

Las piezas realizadas en papel y tela suelen ser manufacturadas y artesanales, ya que dadas sus características físicas, pre-

cisan algunas modificaciones para ser trabajadas, por ejemplo, el encolado o barnizado de ambos materiales. Respecto al papel, es conveniente usar uno muy fino, como el de los pañuelos de papel, y en cuanto a la tela, nos sirve cualquiera.

El capítulo dedicado a estos materiales se centra en tres técnicas fundamentales: el *découpage* y el reciclaje en el caso del papel y en una variedad del *patchwork*

denominado *fuxico*, cuyo uso está muy extendido en Brasil. Esta técnica también es conocida como *jo-jo patchwork*; se emplea para hacer colchas, cojines y ropa, y algunos artistas lo utilizan para confeccionar bisutería.

Los indígenas de México han desarrollado una vistosa técnica mediante la cual entrelazan tiras de envoltorios de golosinas para crear complementos y bisutería.

Conjunto de collar y broches realizados con la técnica *fuxico*. Obra de Joan Scott, EE.UU.

Bandeja de cristal con servilletas de papel de pasteles sobre fondo texturizado con pintura metalizada. Pieza realizada por Rosa y Mercé Oller usando la técnica del *découpage*. Barcelona, 2007.

Arcilla polimérica

La arcilla polimérica es un polímero termoplástico denominado policloruro de vinilo (PVC), obtenido de dos materias primas naturales: el cloruro de sodio o sal común (CINa) en un 57 % e hidrocarburos en un 43 %.

Por lo tanto, esta arcilla constituye un tipo de material plástico que polimeriza (las partículas se fusionan juntas) con el aumento de temperatura, y que se estabiliza cuando alcanza los 130 °C, aunque esto varía según el fabricante.

Este material apareció en Alemania durante la década de 1930 gracias a Fifi Rehbinder, quien desarrolló la fórmula para fabricar sus muñecas, y la comercializó con el nombre de Fifi Mosaik.

La compañía Eberhard Faber compró la fórmula en 1964 y la comercializó con el nombre de Fimo (por FIfi MOsaik).

Fimo se vende en Europa en tiendas de muñecos y en la década de 1950 se exportó a EE.UU. A partir de ese momento, la arcilla polimérica comenzó a popularizarse y extenderse a otros campos expresivos y creativos, entre ellos la joyería. En sus inicios, la arcilla polimérica sólo se comercializaba en color blanco, y los artesanos debían colorearla con pigmentos. Hoy en día, esto no es necesario porque existe una amplísima gama de colores y variedad de tonos.

Además, es posible mezclar entre sí las diferentes marcas sin problema.

Pero la arcilla polimérica también puede ser coloreada y pintada antes y después de cocida, y una vez cocida y fría se puede lijar, taladrar y volver a cocer si es necesario.

Por lo general, los colores de arcilla polimérica no se alteran una vez cocidos, pero existe una línea de colores translúcidos que sí se modifican tras su paso por el horno. Esta gama se sirve en varias tonalidades y, como su nombre indica, se vuelven translúcidos una vez cocidos.

Si les aplicamos calor directo con una pistola de calor podemos conseguir que sean totalmente transparentes y que aumente mucho su brillo.

Los diferentes fabricantes y artesanos han ido mejorando y modificando la

Caja con separadores muy práctica para almacenar los polímeros.

fórmula para desarrollar acabados más especializados; en función de las necesidades de las piezas, se puede optar por una fórmula u otra.

Así, encontramos arcillas especiales para hacer moldes, que son muy flexibles, para hacer esculturas, incluso las hay para hacer gomas de borrar. Se encuentran en formatos muy grandes.

• Arcilla polimérica en formato líquido

El formato líquido se vende en botes de plástico donde cada fabricante indica la temperatura de cocción. Tiene un aspecto lecho y pastoso. Esta presentación se usa para varias funciones: como ablandador de la arcilla polimérica, como pegamento entre dos piezas de arcilla, como barniz, incluso se puede teñir.

También existen infinidad de técnicas decorativas en arcilla polimérica cuya base es el formato líquido.

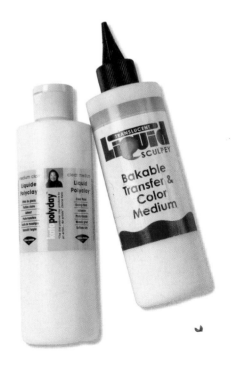

Arcilla polimérica en formato líquido.

• Arcilla polimérica con polvos de mica

Las arcillas que contienen mica se reconocen visualmente porque brillan ligeramente a la luz, ya que este polvo confiere un aspecto y una textura metalizados a los polímeros.

La mica es un mineral que se encuentra de forma natural en la tierra. No es tóxico y tiene un ph neutro, pero no se debe inhalar, ya que contiene otros metales como el aluminio que podría resultar perjudicial.

Los polvos de mica resecan la arcilla restándole humedad, por ello es necesario amasarla un poco antes de trabajarla, bien sea con el rodillo o con la máquina laminadora.

• Conservación de la arcilla polimérica y limpieza

Este material suele durar bastante tiempo una vez abierto, pero hemos de tener la precaución de almacenarla en cajas herméticamente cerradas y en lugares donde no le dé la luz directa ni haya humedad.

En verano es aconsejable guardarla en una caja de plástico con tapa, tipo fiambrera, y mantenerla en el frigorífico, de esta forma cuando la seccionemos el corte será limpio y no se deformará.

En el invierno, por el contrario, la masilla se vuelve muy dura y es difícil de amasar; en este caso, se le puede aplicar la pistola de calor unos segundos para darle cuerpo o bien dejarla unos minutos sobre el radiador.

En cuanto a la limpieza, debemos mantener la zona de trabajo siempre limpia, ya que la arcilla polimérica es un material al que se le adhieren fácilmente partículas de polvo y suciedad. Y para evitar que unos colores tiñan a otros, debemos limpiarnos las manos y la mesa con toallitas húmedas para bebés o con papel humedecido en alcohol.

Arcillas especiales con purpurina.

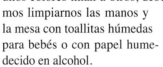

Arcilla en colores translúcidos.

Arcillas poliméricas en colores neutros.

Arcillas poliméricas con polvo de mica.

Adicionales

Este apartado se divide en materiales auxiliares y materiales de superficie. Estos últimos son el barniz, el pulimento, el betún de Judea, el papel de *transfers*, el jabón, la cola y el pegamento de cianocrilato.

Los materiales auxiliares sólo se usarán en técnicas determinadas y los de superficie se entiende que son todos aquellos que van a alterar la superficie o el aspecto exterior de las piezas.

De superficie

Estos materiales son los que aplicamos en último lugar, cuando la pieza está totalmente acabada.

Al aplicarlos sobre la bisutería alteran su superficie o aspecto exterior. Entre ellos se incluyen las pátinas, los barnices, las colas, los pegamentos, etc.

• Barniz

El barniz que usemos debe variar según el acabado deseado y el material que estemos utilizando. Se presenta en latas de 250 ml, aproximadamente, para manualidades.

Los hay sintéticos o acrílicos, brillantes, satinados o mate, y en función del fabricante variará mucho el acabado de las piezas. Se sirve en droguerías, tiendas de manualidades y especializadas.

El barniz que usamos en las manualidades de este libro es sintético, transparente y brillante, y proporciona a las piezas un acabado muy vistoso.

Jabón neutro en pastilla.

• Betún de Judea

El betún se usa para envejecer u oscurecer las piezas, en los ejercicios lo emplearemos con la arcilla polimérica. Se vende en tiendas especializadas y de manualidades.

• Pulimento líquido

Se usa con la arcilla polimérica una vez ésta se halla cocida y lijada. Se comercializa en latas de 200 ml especiales para trabajos manuales. Se aplica con un trapo de fibras naturales, dando un masaje a la pieza, luego se retira el exceso con un trapo limpio y seco; los objetos adquieren un bonito brillo y se vuelven sedosos al tacto.

• Papel para transferir imágenes a tela

Este papel reacciona con el calor. Suele trabajarse con una plancha, pero nosotros lo introduciremos directamente en el horno, ya que lo usamos con la arcilla polimérica. La temperatura de esta arcilla se indica en cada pastilla, pero ronda los 130 °C durante unos 15 minutos. Imprimiremos sobre el papel la imagen que deseemos, siguiendo las instrucciones del fabricante. Se vende en paquetes de 10 hojas de tamaño folio.

• Jabón neutro

Es especial para el fieltrado en húmedo, ya que facilita el proceso y lo acelera. Puede usarse en pastillas y líquido.

• Cola blanca de carpintero

Su presentación varía en función del fabricante, pero suele comercializarse en botes de plástico y tiene un aspecto blanco y muy cremoso. La cola un poco diluida en agua la utilizamos para realizar el *découpage* en papel en el capítulo dedicado a este material. Bastará con adquirir un bote de cola de 200 ml.

• Pegamento instantáneo de cianocrilato

El cianocrilato hay que usarlo con prudencia, lo trabajaremos para unir el fieltro en planchas. Puede emanar vapores irritantes al entrar en contacto con el fieltro, debido a los colorantes que se usan para teñir la lana, por eso recomendamos utilizar unas pinzas para pegarlo. Este pegamento instantáneo se presenta en formatos de 3 a 8 g y se comercializa en diversas presentaciones: en tubo, con aplicador de pincel, etc. Todos son válidos.

Auxiliares

En materiales auxiliares incluimos los hilos de coser, es decir, los que se usan para coser la ropa, y el hilo de nailon fino. Es conveniente contar con una amplia gama de colores y tonalidades variadas de hilos de coser, si vamos a orientar nuestro trabajo hacia la bisutería en tela. En cuanto al nailon, recomendamos usar el de 0,15 mm para coser el fieltro plano en el caso de que el pegamento instantáneo de cianocrilato no resulte adecuado.

Barniz, pulimento y betún de Judea.

Cola blanca de carpintero y pegamento instantáneo de cianocrilato.

Papel especial para transferir imágenes.

Fornituras, hilos y abalorios

En último lugar, pero no por ello menos importante, mostramos todas las piezas que están destinadas a completar nuestras joyas de bisutería. En este apartado incluimos todo tipo de cuentas y abalorios, hilos, alambres, cordones y demás, así como todas las fornituras que, en un momento u otro, podemos necesitar para completar nuestro trabajo. Presentamos algunos de los ejemplos más habituales, pero existen muchos más en el mercado.

Fornituras

La palabra "fornitura" proviene del francés *fourniture*, que se refiere al conjunto de accesorios que se usan en la confección de alguna cosa, como prendas de vestir, relojes, joyas, etc. A continuación, hacemos un breve repaso de las fornituras más habituales. Todas son fáciles de encontrar y según la especialización de la tienda son más o menos elaboradas.

• Bases de pendientes para clavar
Existen diversos tipos: las planas, que se pegan sobre un abalorio, una pieza realizada en fieltro, en arcilla polimérica, etc.; y las denominadas de cruceta, que están compuestas por cuatro bastones soldados al eje principal del pendiente y que sirven para engarzar un abalorio, ya que uno de estos bastones incluye un pequeño gancho para este fin.

• Traseras de pendientes
Su función es evitar que los pendientes se salgan. Las hay metálicas y también de silicona para evitar alergias. Se clavan por la parte trasera de los pendientes, de forma que quedan ocultas detrás de la oreja.

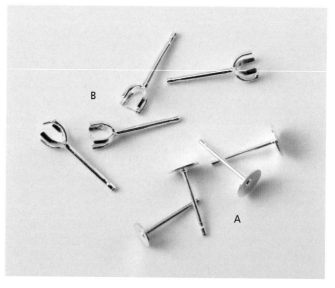

Bases de pendientes para clavar, planas (A) y de cruceta (B).

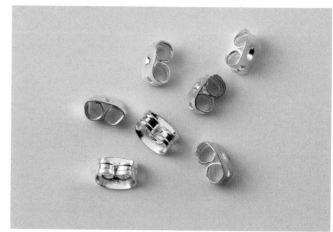

Traseras de pendientes.

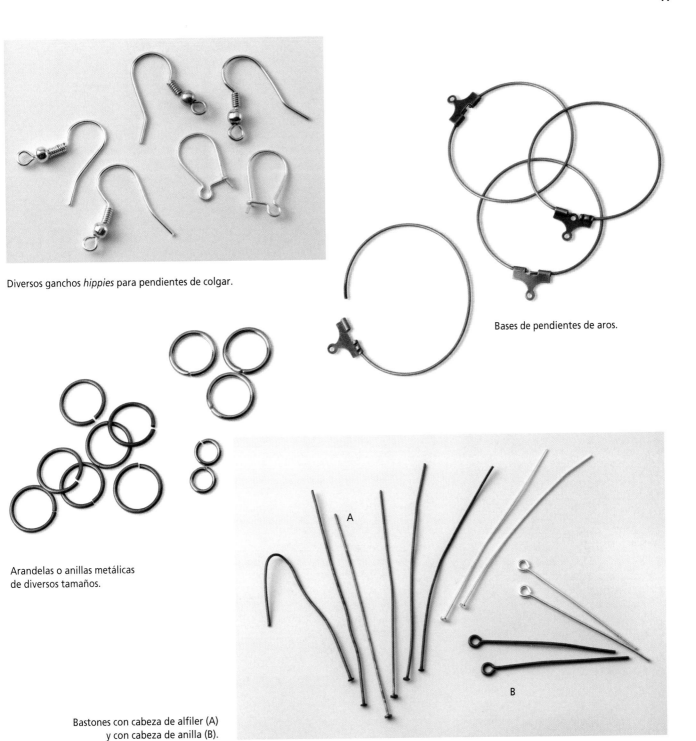

Diversos ganchos *hippies* para pendientes de colgar.

Bases de pendientes de aros.

Arandelas o anillas metálicas
de diversos tamaños.

Bastones con cabeza de alfiler (A)
y con cabeza de anilla (B).

• **Diversos ganchos *hippies***

Este gancho se usa especialmente cuando queremos realizar pendientes con piezas que cuelguen por debajo de la oreja. Suelen tener una forma básica de gancho o arpón, dependiendo del fabricante.

• **Bastón**

Sirve para sostener abalorios sin que se caigan. Básicamente, se compone de un palo metálico unido a una pieza plana, tipo alfiler, o soldado a una arandela. Éstos son los básicos, pero el lector puede acceder a otros diseños dependiendo del establecimiento de compra.

• **Arandelas o anillas metálicas**

Pieza metálica circular que consta de una ranura para poder ser manipulada. De diversos tamaños, se pueden encadenar o utilizar para unir piezas, o bien fijarlas a los terminales de collares.

Chafas de diferentes tamaños.

Tapanudos o calotas.

Diversos terminales:
cierre aro (A),
mosquetones montados
(B), reasa (C) y ganchos
cierre (D).

A

B

C

D

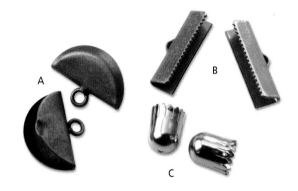

Otros terminales de
collar (A) y (B) y
capuchones (C). Se usan
para cordones gruesos o
piezas grandes.

A

B

C

Barras espaciadoras.

• Chafas

Bolitas metálicas con un orificio, especiales para ser chafadas con un alicate de punta plana. Tienen varios usos, por ejemplo, se chafan para cerrar collares hechos con hilos o cables y a modo de cierres y decoración.

• Tapanudos o calota

Pieza metálica con un orificio lateral cuya función es embellecer y tapar los acabados realizados con chafas. Dependiendo del fabricante, existe una amplia variedad de ellos.

• Terminales

Los terminales son piezas metálicas que se colocan en los extremos de los collares, colgantes o pulseras. Existen varios tipos de terminales, por ejemplo, los mosquetones montados, reasas, ganchos cierre y cierre aro.

Todos ellos se usan para acabar collares y pulseras y debemos escogerlos en función del grosor y material de nuestros hilos y cordones.

Los fabricantes sacan al mercado nuevos modelos cada temporada, de los que podemos asesorarnos en los comercios.

• Barras espaciadoras

Piezas metálicas con orificios que usaremos para crear separaciones entre los hilos de los collares o pulseras. También son muy decorativas usadas independientemente para montar pendientes con bastones y cuentas; en función del fabricante serán más o menos sencillas.

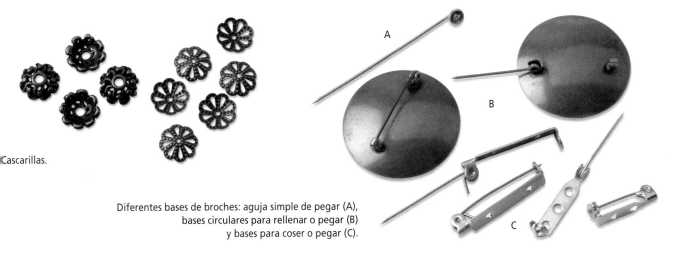

Cascarillas.

Diferentes bases de broches: aguja simple de pegar (A),
bases circulares para rellenar o pegar (B)
y bases para coser o pegar (C).

• **Cascarillas**

Láminas metálicas labradas con forma de casco. Las hay de lo más variado y se emplean para embellecer los extremos de las cuentas; si éstas son redondas se fijan mejor.

• **Bases de broches**

Existen diferentes bases de broches: las de aguja simple para pegar, bases circulares para rellenar o pegar y bases para coser o pegar. En función del establecimiento, encontraremos muchos más modelos.

• **Bases de anillos**

Hay una amplia gama de bases para anillos en el mercado. Suelen estar compuestos por una base cilíndrica, que podremos regular de tamaño, pegada a una base plana o semi plana, a la cual podemos pegar una pieza de bisutería.

• **Otras bases**

Las bases de otros materiales, como el metacrilato, el plástico, la madera, el metal, etc. se pueden forrar con arcilla polimérica y cocer todo junto en el horno o pueden forrarse mediante la técnica del *découpage*.

Distintas bases de anillos regulables.

Base de pulsera de metacrilato.

Bases metálicas para rellenar con arcilla polimérica.

Hilos

Es importante que dediquemos algún tiempo a conocer y explorar la gama de hilos y cordones que existen en el mercado. Se comercializan en una multitud de presentaciones, colores y materiales, así como los formatos, que varían según el fabricante. Asimismo, y siguiendo las tendencias de la moda, cada temporada salen a la venta nuevos modelos.

El diseño de nuestra pieza, el tamaño del agujero que tengan nuestras cuentas, la estación del año o el color son factores que hay que considerar al elegir un hilo apropiado, pero en realidad la única pauta que seguir es la que nuestro gusto nos indique.

Los hilos se presentan en varios grosores y debemos usarlos en función del orificio de nuestros abalorios; asimismo, pensaremos en el peso de las piezas y escogeremos un hilo resistente acorde con nuestra bisutería.

A continuación, describimos algunos de los más habituales.

• Hilos de nailon
Se venden en varios grosores y colores así como en transparente. El nailon se utiliza para anillos de cuentas con patrón (tipo *swarovski*) y para collares de abalorios seguidos donde no se ve el hilo o para pulseras con cierre. Tiene la cualidad de ser muy resistente.

• Silicona elástica
La silicona elástica se encuentra en colores variados y también en transparente. Hay diferentes grosores que aplicaremos según el tamaño del orificio en nuestros abalorios. Es recomendable utilizarla en pulseras sin cierre, pero no en collares, ya que suele ceder por el peso de las cuentas.

• Cable
Es acero recubierto de nailon. Se sirve en una extensa gama de colores y en varios grosores, y suele trabajarse con chafas. No debe doblarse porque se deforma fácilmente. Se usa cuando queremos que el hilo forme parte importante del diseño del collar, ya que son muy elegantes. Se

Hilos de nailon y de silicona elástica transparentes.

venden en bobinas de varios metros o por metros sueltos.

• Acero memoria
Es un hilo metálico tipo muelle que se corta a la medida que nos interese, ya que se adapta al diámetro del cuello, dedo o muñeca. Se llama memoria porque siempre recupera su forma original. Se fabrica en formato collar, pulsera y anillo, y es ideal para ser recubierto de abalorios.

• Gargantilla rígida
Pieza circular de metal rígida con cierre incorporado y que habitualmente se usa para llevar colgantes formados por una sola pieza. Se venden de forma unitaria o por lotes de varias piezas.

Cable recubierto de nailon.

Gargantilla rígida para colgantes.

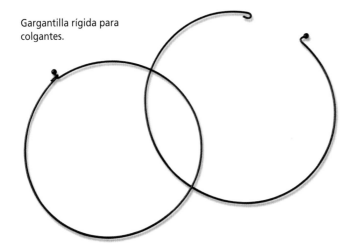

Dos rollos de acero memoria.

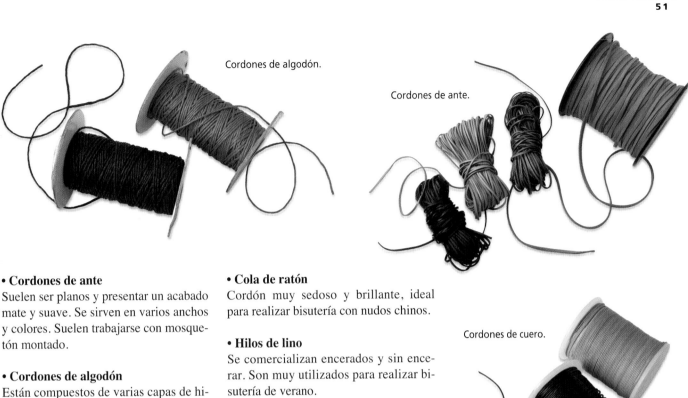

Cordones de algodón.

Cordones de ante.

• Cordones de ante
Suelen ser planos y presentar un acabado mate y suave. Se sirven en varios anchos y colores. Suelen trabajarse con mosquetón montado.

• Cordones de algodón
Están compuestos de varias capas de hilos que pueden ir ligeramente encerados. Resultan muy apropiados para primavera y verano.

• Cordones de cuero
Los hay de varios grosores y colores, sintéticos o naturales, y también encerados. Los utilizaremos a nuestro gusto y en armonía con la pieza.

• Cola de ratón
Cordón muy sedoso y brillante, ideal para realizar bisutería con nudos chinos.

• Hilos de lino
Se comercializan encerados y sin encerar. Son muy utilizados para realizar bisutería de verano.

• Cintas organdí
De varios grosores y colores, poseen un tacto similar a la gasa. Son muy elegantes y se usan combinadas incluso con perlas

Cordones de cuero.

Varios rollos de cordón de cola de ratón.

Hilos de lino de varios colores.

Cintas organdí de colores.

Abalorios

Abalorios son todas aquellas piezas agujereadas que formarán parte en la confección de una pieza de joyería o bisutería.

Cada abalorio, en función de su procedencia y del material del que está compuesto, posee un nombre determinado: mostacillas, semillas, de hueso, de madera, etc. También existen cuentas hechas con resina, un material sintético de tacto cálido que se usa para imitar otros materiales, entre otros usos.

Los abalorios se presentan en múltiples formas y tamaños; existen tantas posibilidades como nos permita la imaginación.

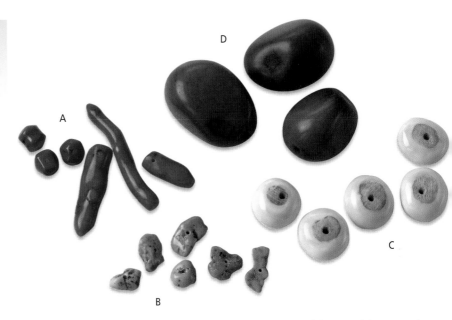

Cuentas de coral de resina (A), cuentas de turquesas de Arizona (B), cuentas de hueso (C), semillas tropicales (D).

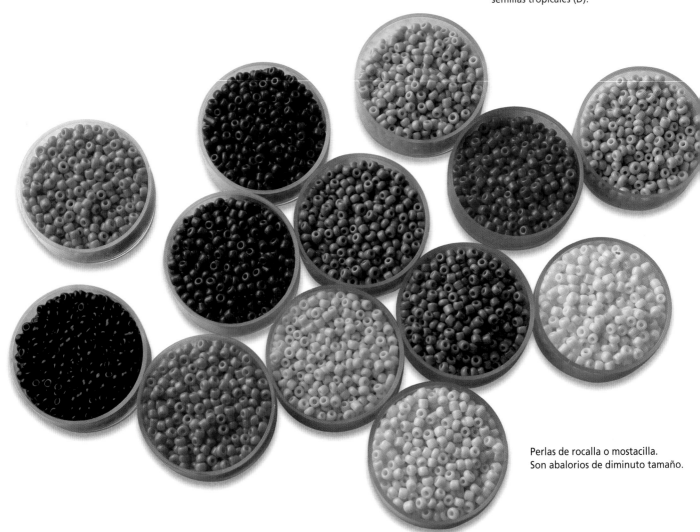

Perlas de rocalla o mostacilla.
Son abalorios de diminuto tamaño.

Cuentas metálicas. Se pueden usar
independientes o como entre-piezas.

Cuentas de resina. La resina es un material sintético de tacto
cálido que se usa también para imitar otros materiales.

Diversas cuentas de cristal
de colores.

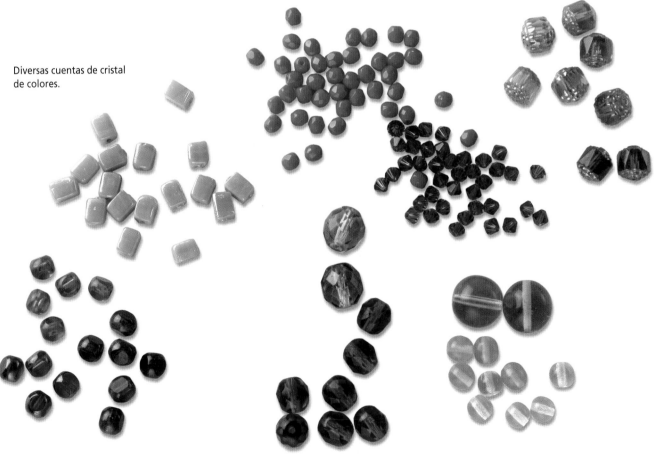

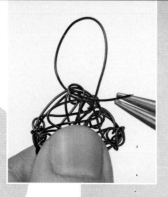

3
La bisutería con alambre

En este capítulo se muestran
distintos proyectos que se pueden
abarcar cuando se utiliza un material dúctil y
agradecido como el alambre de cobre esmaltado.
Habitualmente usado en la industria eléctrica y de la telefonía,
en la actualidad, encontramos en el mercado de la joyería
una amplia gama de colores y grosores de este material
apto para niños y adultos.
Gracias a su fácil manejo, se obtienen resultados
muy vistosos en poco tiempo. En los proyectos
que vamos a desarrollar trabajaremos objetos
de bisutería con alambre y algunas
opciones decorativas.

Técnicas

El trabajo con alambre de cobre no reviste gran complicación, sólo hay que tener en cuenta algunos temas básicos.

Los cabos constituyen una parte importante del acabado, ya que deben estar bien escondidos o camuflados para que una pieza se considere bien terminada. Por otro lado, las terminaciones con alambre son muy útiles para embellecer una joya.

Debemos adecuar las herramientas que usamos al grosor y calibre del alambre que trabajamos. Utilizaremos siempre alicates que no presenten el corte incorporado ni sean dentados.

Los cabos

Este término muy usado en bisutería se refiere a los dos extremos de un mismo trozo de alambre cortado.

Al terminar una pieza realizada con alambre debemos esconder los cabos siempre que podamos, esto significa introducirlos por el orificio de la bola más cercana, o entre los hilos de la misma pieza.

Limado y pegado

Cuando no es posible esconder los cabos entonces tenemos que "camuflarlos" tanto como podamos, ya que de ello depende que nuestra joya tenga un aspecto final profesional.

En tiendas especializadas en suministros para joyeros, y a veces en ferreterías bien surtidas, se comercializa papel de lija especial para metales; nos servirá para lijar las puntas de los cabos que han quedado a la vista.

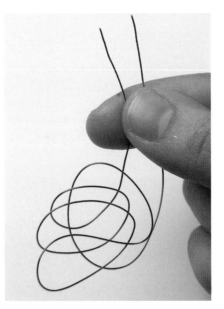

Los cabos.

Cabos escondidos dentro del anillo.

Lijamos la punta del cabo hasta dejarla redondeada; así no pinchará.

Podemos aplicar una gota diminuta de pegamento instantáneo y fijamos el cabo a la pieza

Endurecimiento

Cuando nos interesa que una determina-
da pieza sea más dura de lo que es,
podemos optar por martillearla con una
maza o un martillo adecuado sobre un
pequeño yunque.

Si usamos un hilo de cobre muy grueso,
de 1 a 3 mm de grosor, debemos darle la
forma que nos interesa antes de gol-
pearlo. A continuación, lo martillearemos
aumentando progresivamente la intensidad del golpe, hasta conseguir el resultado deseado.

Pieza de plata de 1 mm. Si se calienta
el metal previamente, el modelado con
la maza resulta más sencillo.

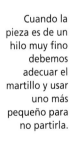

Cuando la
pieza es de un
hilo muy fino
debemos
adecuar el
martillo y usar
uno más
pequeño para
no partirla.

Terminaciones con alambre

El alambre no sólo se puede usar como material básico al confeccionar piezas de bisutería, sino también como una opción decorativa, imitando una filigrana en las bolas de gran tamaño.

A continuación, daremos un aspecto más vistoso a estas cuentas de cristal con ayuda del alambre de cobre.

Varios ejemplos de decoración con alambre.

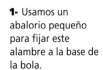

1- Usamos un abalorio pequeño para fijar este alambre a la base de la bola.

2- Con un alicate de punta redondeada giramos un cabo sobre sí mismo para darle una forma redondeada, haciendo un enganche.

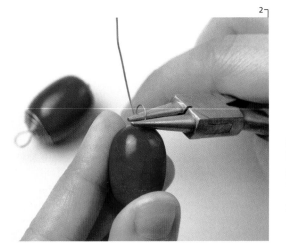

3- Giramos el otro cabo dándole forma de espiral. De esta manera, a la vez que decoramos la bola, fijamos el enganche para que no se mueva.

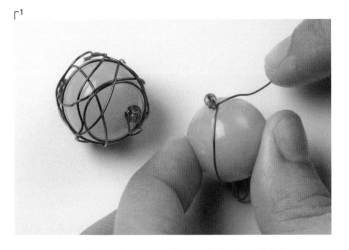

1- Igual que en el ejemplo anterior, fijamos el alambre a la bola con un abalorio.

2- De nuevo hacemos un enganche. Giramos el cabo varias veces alrededor de éste.

3- Pasamos varias veces el alambre por el orificio de la bola, y a partir de ahí vamos enredándolo sobre sí mismo.

4- Escondemos el cabo con ayuda del alicate.

1- Realizamos un enganche utilizando un alicate de punta redondeada. Damos varios giros.

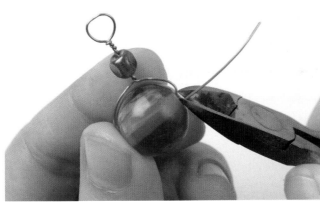

2- Insertamos una cuenta pequeña e introducimos un cabo del alambre por cada extremo de la bola que queremos adaptar.

3- Lo ajustamos bien y cortamos los cabos que sobran.

Hemos pasado varias veces el hilo por el orificio de la cuenta, hasta crear este elegante encestado.

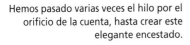

Proyectos

Comenzamos ahora la elaboración de seis piezas de bisutería realizadas en alambre de cobre esmaltado en diferentes calibres y colores. En los siguientes pasos veremos varias formas de trabajar el alambre, a partir de las cuales el lector puede introducir tantas variaciones como le permita su imaginación.

Aunque los siguientes proyectos podrían llevarse a cabo sólo con alambre, hemos añadido cuentas y abalorios para hacerlos más llamativos y divertidos.

Anillo Grappolo

La palabra italiana *grappolo* significa "racimo", ya que a simple vista estos anillos parecen racimos de frutas.

La técnica base es bien sencilla, se trata de ir incorporando abalorios y distribuyéndolos en el anillo.

Aunque tradicionalmente estos abalorios son redondos y de un mismo color, el ejercicio que explicamos a continuación es una variación de los mismos. Hemos mezclado cuentas de distintos tamaños, colores y formas para crear una joya muy dinámica y fácil de combinar con prendas de vestir informales.

Para elaborar nuestro *grappolo* necesitamos un medidor de anillos, alambre y cuentas. El alambre es de color chocolate, de 0,6 mm, y las cuentas de diferentes materiales: turquesa, cristal, madera y semillas, y combinan muy bien con el color del alambre.

Г¹

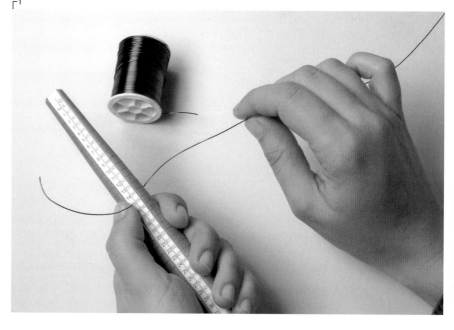

1. Cortamos aproximadamente 1 m de alambre y lo colocamos bajo el medidor, dejando un cabo más corto que el otro. Trabajaremos tres tallas más grandes que la que queremos conseguir, pues debido a las características de este anillo, al acabarlo siempre habrá menguado de dos a tres tallas.

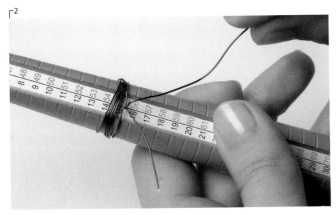

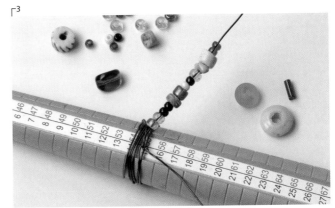

2. Con el pulgar sujetamos el cabo corto, mientras con la mano contraria damos varias vueltas alrededor del medidor. Fijamos ambos hilos con un giro entre ellos.

3. Introducimos algunas de las cuentas que hemos elegido.

4. Vamos soltando bolitas y dando vueltas al alambre alrededor del medidor, dejando que las cuentas se ubiquen de forma armoniosa.

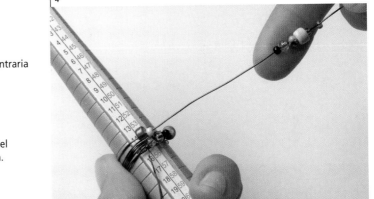

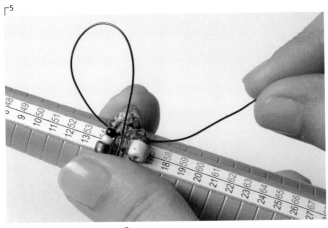

5 y 6. Tras colocar las primeras cuentas, fijamos el alambre al anillo, de manera que las cuentas se queden fijas sin moverse. Podemos repetir esta operación un par de veces, ya que también hace la función de motivo decorativo.

7 y 8. Volvemos a insertar más cuentas, alternando formas y colores en el alambre; las colocamos al tiempo que vamos girando el alambre alrededor del medidor. Podemos incluir alguna pieza que tenga un gran orificio y, como motivo decorativo, pasar varias veces el alambre.

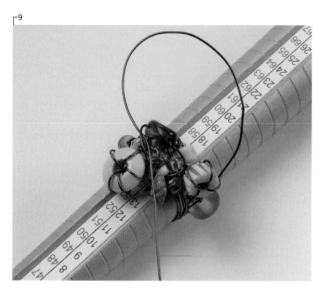

9. Una vez hemos decidido no incorporar más abalorios al anillo, fijamos varias veces el alambre para asegurarnos de que todo está bien sujeto, y de que no se van a desplazar cuando lo saquemos de la barra.

10. Como última opción decorativa podemos usar el alicate de punta redondeada para dar graciosos giros al cobre sobre las cuentas.

11. Para finalizar, sacamos el anillo de la barra medidora y fijamos ambos extremos con vueltas en espiral. Y camuflamos los cabos.

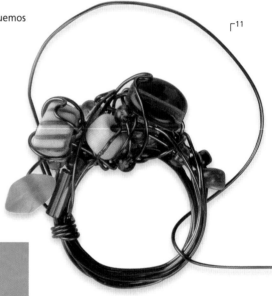

12. El anillo resulta muy llamativo tanto por el color como por la forma. El detalle divertido es la pieza en forma de rueda que hemos añadido, ya que podemos cambiarla de posición fácilmente con los dedos.

Colgante cruzado

Estas piezas lucen con un cierto aspecto "chic". Para crearlas necesitamos soportes rígidos de estructura geométrica. Los cilindros, cuadrados y rectángulos son ideales y muy fáciles de encontrar en objetos de uso cotidiano.

La técnica base de este colgante es una de las más creativas, ya que con pocos recursos permite muchas variaciones distintas.

Primero elegimos el color. En este caso, utilizamos alambre negro de 0,6 mm para el exterior, y alambre morado de 0,4 mm para el interior, bolitas de cristal en malva y rojo y un cordón de algodón también rojo.

1. Usamos como base un objeto cilíndrico, en el que enrollamos varias veces el alambre negro, el cual hemos cortado previamente a 1,20 m de largo, dejando siempre un cabo corto y otro largo.

Dependiendo del grosor del hilo daremos más o menos vueltas, con el fin de que la pieza sea resistente.

2. Damos un par de giros entre ambos hilos para fijarlos a la base.

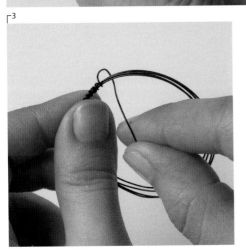

3. Sacamos la pieza, cortamos el cabo corto y con el extremo largo comenzamos a enrollarlo alrededor de la base que hemos fabricado.

4. Una vez recorrido todo el diámetro de la circunferencia, cortamos el cabo con un alicate.

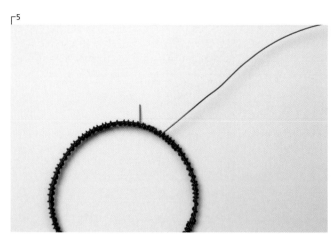

5. A continuación, cortamos 1 m de alambre morado y le damos unas vueltas en el círculo que tenemos para fijarlo bien.

6. Distribuimos el alambre morado de forma homogénea por toda la base, para lo cual vamos girando la rueda.

7. Fijaremos el alambre a la base de vez en cuando para evitar que éstos se desplacen.

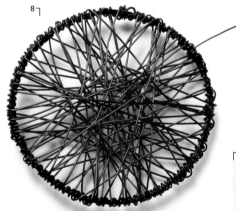

8. Acabamos de distribuir bien el alambre hasta obtener un dibujo parecido al de la fotografía. Hemos dejado un trozo del cabo de unos 25 cm de largo sin acabar. En función de la distribución del alambre, el dibujo resultante variará de modo considerable.

9. Insertamos todas las bolas por el cabo.

┌10

10. Y las vamos soltando y distribuyendo al mismo tiempo que seguimos dando vueltas al alambre alrededor de la base, hasta que no queden bolas. En un colgante todas las bolas han de estar en la misma cara.

11 y 12. Con un alicate de punta plana fijamos varias veces el cabo final al exterior del colgante.

┌11

┌12

┌13

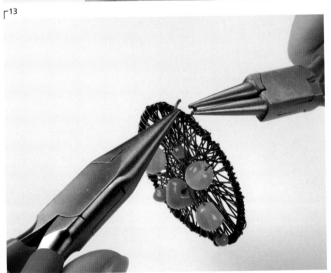

13. Añadimos una arandela con ayuda del alicate.

14┐

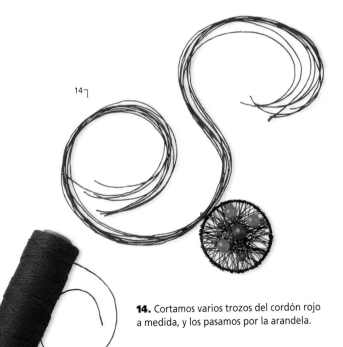

14. Cortamos varios trozos del cordón rojo a medida, y los pasamos por la arandela.

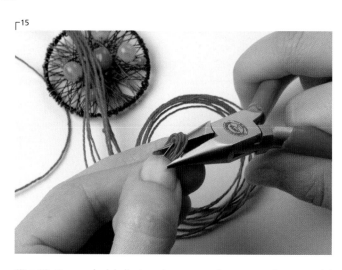

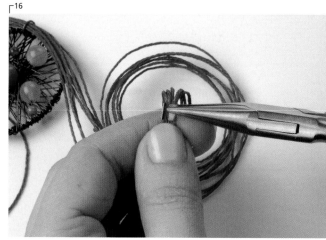

15 y 16. Con ayuda del alicate, colocamos un cierre para collares especial para cordones.

17. Por último, colocamos una arandela en cada extremo del cierre, junto con un mosquetón.

18. El resultado es este sencillo colgante apto para todas las edades.

Pendientes espiral

En este proyecto vamos a trabajar de forma manual el paso a paso a fin de elaborar espirales de distintos grosores. Crearemos las joyas perfectas para lucir en una ocasión especial.

Los joyeros usan taladros y herramientas eléctricas especiales para estos trabajos. Aquí, obtendremos resultados similares, pero usando herramientas más accesibles para quien desea iniciarse en técnicas de bisutería.

Cobre esmaltado en color chocolate de 0,3 mm de grosor, hilo de plata de 0,6 mm, ganchos para pendientes y cuentas metálicas. Usaremos el enrollador de alambre para hacer espirales.

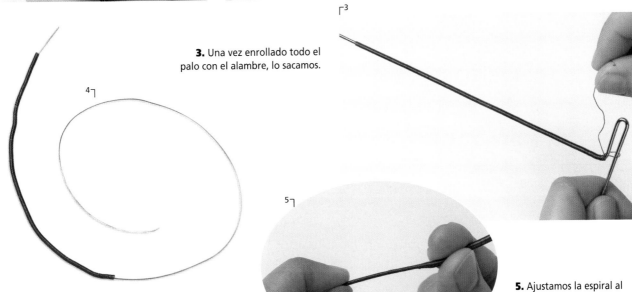

1. Sin cortar el cabo del rollo de alambre, fijamos éste con un par de vueltas al palo más fino.

2. Lo pasamos por el agujero que le corresponde y empezamos a enrollarlo.

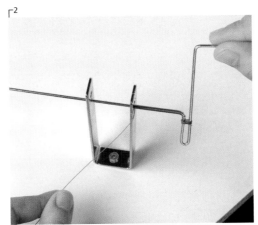

3. Una vez enrollado todo el palo con el alambre, lo sacamos.

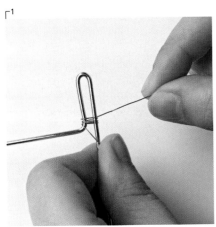

4. Cortamos un trozo del hilo de plata de unos 30 cm, aproximadamente. Lo introducimos por la espiral hasta colocarlo en el centro.

5. Ajustamos la espiral al diámetro del hilo de plata. Para ello, hacemos girar la espiral desde un extremo al otro.

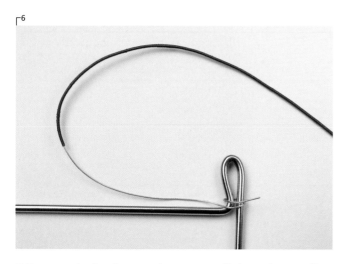

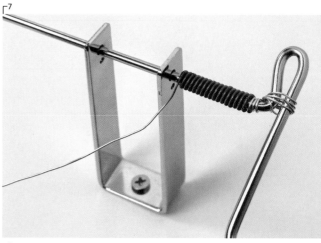

6. Tomamos el palo más grueso de nuestro enrollador y volvemos a fijar la plata con un par de vueltas, igual que hicimos antes.

7. Introducimos el palo por el orificio correspondiente y lo hacemos girar hasta completar todo el recorrido.

8. Para terminar, giramos el hilo de plata el mismo número de vueltas con las que comenzamos.

9. Sacamos la pieza y cortamos los extremos que sobran.

10 y 11. Cortamos 7 u 8 cm de hilo de plata, lo introducimos por el pendiente para comprobar que la longitud es correcta, y con un alicate realizamos una arandela.

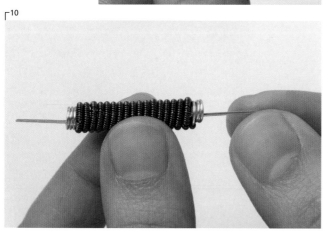

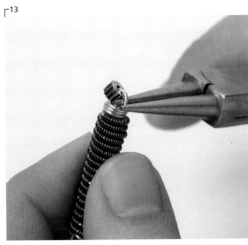

12 y 13. Introducimos de nuevo
esta pieza dentro del pendiente,
y en el extremo opuesto repetimos
la operación incluyendo una pieza
metálica como decoración.

14. Por último, le colocamos un gancho
para pendiente, también de plata para
no desentonar.

15. Éste es el resultado una vez
realizados los dos pendientes siguiendo
el mismo proceso paso a paso.

Pulsera jig

Sencillez y elegancia definen esta pulsera que parece sacada de un yacimiento arqueológico de la antigua Grecia.

Esta pieza demuestra que con pocos materiales es posible alabar el gusto de los más clásicos. Una pulsera ideal para uso diario que, sin dejar de ser moderna, resulta muy discreta.

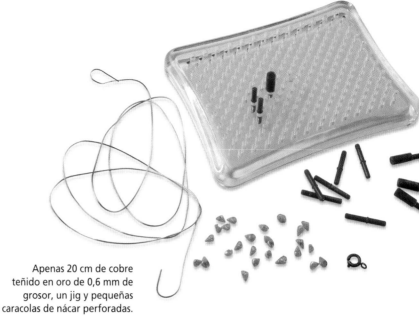

Apenas 20 cm de cobre teñido en oro de 0,6 mm de grosor, un jig y pequeñas caracolas de nácar perforadas.

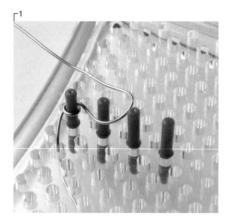

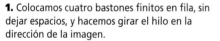

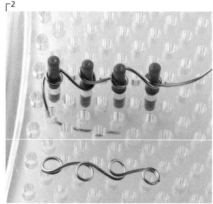

1. Colocamos cuatro bastones finitos en fila, sin dejar espacios, y hacemos girar el hilo en la dirección de la imagen.

2. Recortamos los cabos que sobren. Hacemos dos piezas iguales.

3. De la misma forma y siguiendo el esquema de la imagen, realizamos tres piezas como ésta.

4. Las endurecemos golpeándolas con la maza, con cuidado de no partirlas.

5. Con el alambre, y ayudados con un alicate de punta redondeada, hacemos una figura en forma de ocho. Insertamos en ella dos de las caracolas nacaradas de 1 cm de largo. Para la pulsera, necesitaremos seis piezas como ésta, pero éstas no las endureceremos.

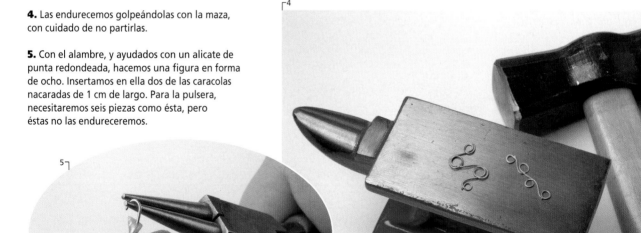

6. Ordenamos todas las piezas para averiguar qué orden seguirán en la confección de la pulsera.

⌐6

L7

7. Comenzamos a engarzar unas piezas con otras utilizando un alicate.

⌐8

8. El resultado es una sencilla y delicada pieza de bisutería.

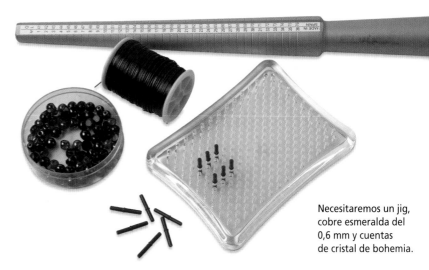

Anillo barroco

Vamos a conocer ahora otra forma de usar el jig. Procederemos con todo detalle, ya que aquí las formas se complican de modo considerable, más que en el proyecto anterior.
Podemos modificar el tamaño del anillo variando la colocación de los bastones del jig. Usaremos la barra medidora para la base.

Necesitaremos un jig, cobre esmeralda del 0,6 mm y cuentas de cristal de bohemia.

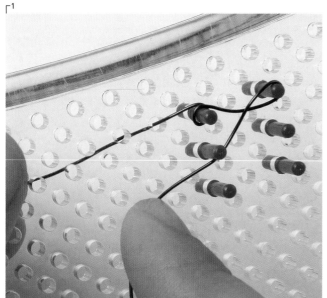

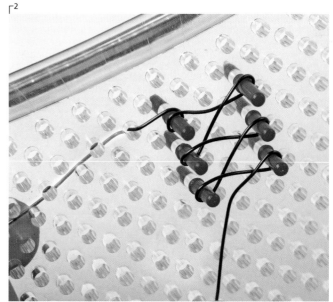

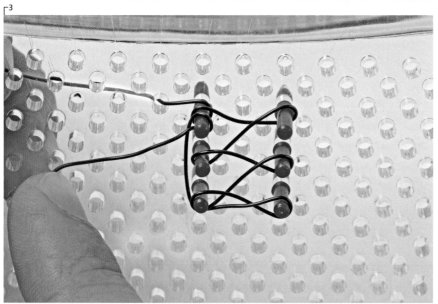

1. Formamos un cuadrado con seis bastones finos colocados paralelamente, y enrollamos el alambre haciendo formas circulares entre ellos.

2. El resultado debe ser una figura similar a ésta.

3. Subimos el cobre formando una pared lateral y lo enrollamos en el bastón extremo derecho.

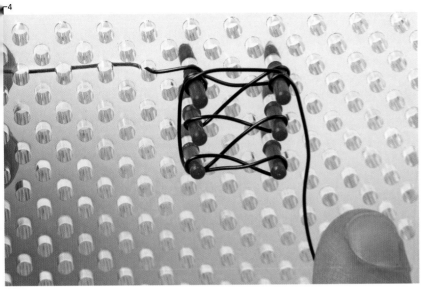

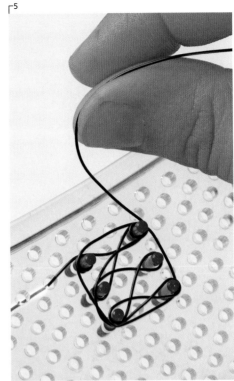

4. Seguimos formando paredes, ahora la superior, y enrollamos en el bastón superior derecho.

5. Repetimos el proceso hasta completar las cuatro paredes.

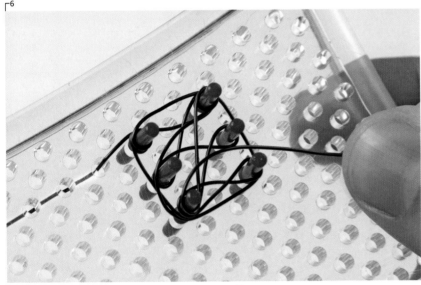

6. A partir de aquí y de forma aleatoria, iremos cruzando y enrollando el alambre con los bastones, hasta crear una red más o menos parecida a la de la foto.

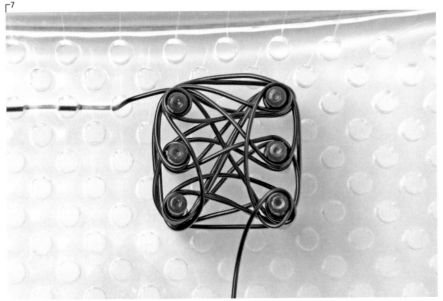

7. En función de hacia dónde giremos el alambre, el dibujo de la red cambiará.

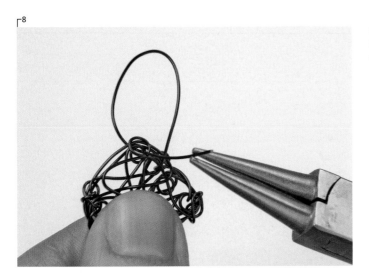

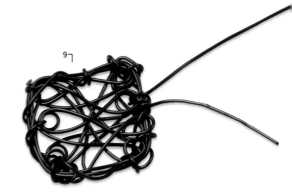

8. Sacamos la pieza del jig y fijamos toda la pieza con el alambre sobre sí misma; de esta manera, evitamos que todo el dibujo se deforme.

9. Cortamos otro trozo de alambre esmeralda de unos 70 cm de largo y lo fijamos a la base.

10 y 11. Colocamos la pieza en la barra medidora de anillos, esta vez encima de la talla correcta, y comenzamos a pasar el alambre por debajo del medidor y de un extremo del anillo al otro. Siempre por debajo y fijándolo como muestra la imagen.

12. Una vez terminadas las vueltas insertamos uno de los cristales de Bohemia.

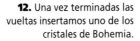

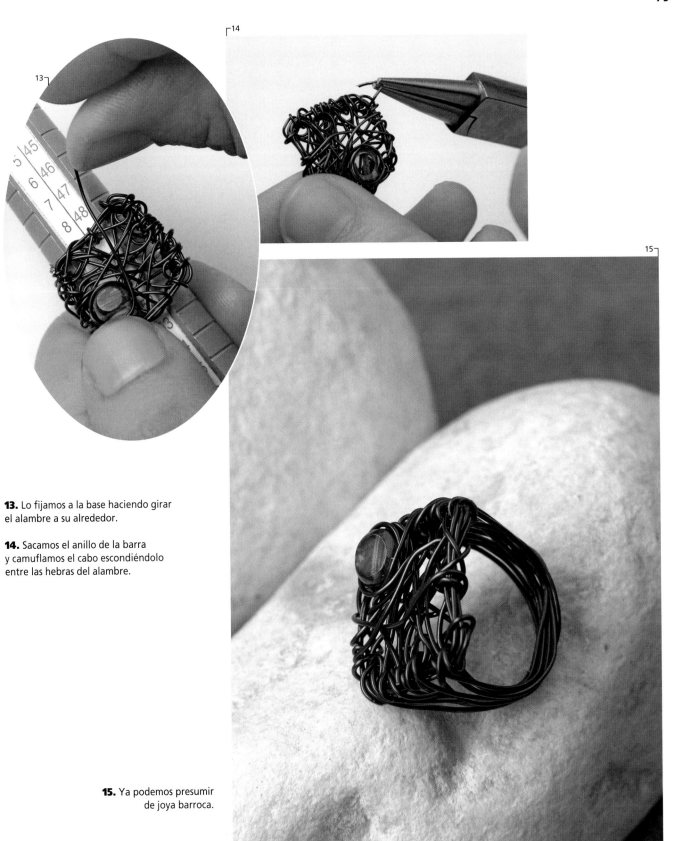

13. Lo fijamos a la base haciendo girar el alambre a su alrededor.

14. Sacamos el anillo de la barra y camuflamos el cabo escondiéndolo entre las hebras del alambre.

15. Ya podemos presumir de joya barroca.

Pendientes "enjambre"

Como su nombre indica, el encanto de estos pendientes reside en crear un "enjambre" de alambre.

Con este ejercicio aprenderemos la técnica de envolver bolas hacia el interior de la pieza. También se puede hacer sin usar abalorios; de esta forma, crearíamos bolas de alambres, que quedan muy originales usadas como abalorios.

Necesitamos alambre de cobre de 0,6 mm, unos cuantos abalorios de colores, ganchos para pendientes y un palillo de madera para barbacoa.

1. Cortamos un trozo de alambre de 40 cm de largo y lo enrollamos alrededor del palillo, sin ajustarlo demasiado para poder sacarlo fácilmente.

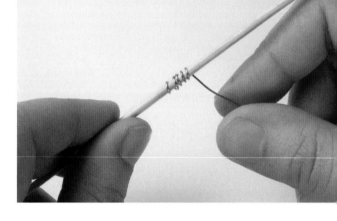

2. Enfilamos todas las cuentas que vamos a usar.

3. Comenzamos a girar el palillo sobre sí mismo mientras soltamos bolas poco a poco.

4. Dejamos caer todas las cuentas alrededor del palillo. Después, con el hilo que sobra continuamos envolviendo los abalorios y formando una bola.

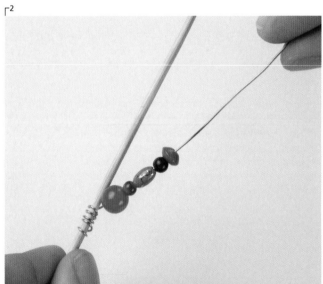

¬5

¬6

6. Lo sacamos del palo y, con un alicate de punta redondeada, levantamos las dos últimas vueltas de la espiral.

5. Reservamos un cabo de unos 7 cm más o menos, que usaremos para rematar la pieza. Lo giramos de nuevo sobre el palillo haciendo una espiral.

¬7

7. E insertamos el gancho para pendientes.

8¬

8. Lo difícil es hacer dos pendientes iguales. Pero podemos hacerlos "casi" idénticos si nos aseguramos de usar la misma cantidad de materiales para ambos.

Variaciones y ejemplos

De cada uno de los ejercicios anteriores se podrían sacar infinidad de ejemplos y variedades. Si cambiamos el calibre de nuestros alambres, los colores o usamos el zinc, la plata, el latón, el aluminio, etc., obtendremos resultados muy variados, como podemos apreciar en estas piezas diseñadas por Elvira López Del Prado.

También cabe tener en cuenta la gran variedad de abalorios y cuentas que existen en el mercado y con los que podremos cambiar el aspecto de nuestras joyas a voluntad.

Diversos anillos *grappolo* en varios colores de cobre y amplio surtido de abalorios

Variaciones de anillos realizados con hilo de plata, turquesa, perlas de río y tupís facetados de cristal checo

Otra forma de trabajar esta técnica es uniendo las piezas con cadenas para crear pulseras

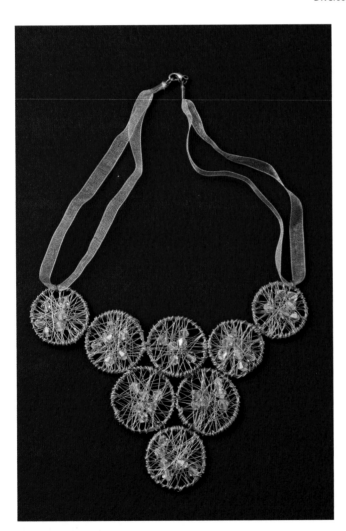

Collar de noche en plata, alpaca y cristal checo.

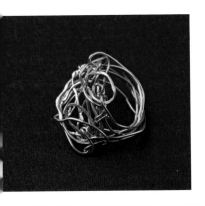

Anillo de plata amartillado usando un jig.

Collar con piezas de espiral y espirales alargadas.

Pulsera "enjambre" sin abalorios.

Pendientes "enjambre" de fiesta.

Pendientes "enjambre".

Pendientes elaborados por medio de un jig y diversos abalorios.

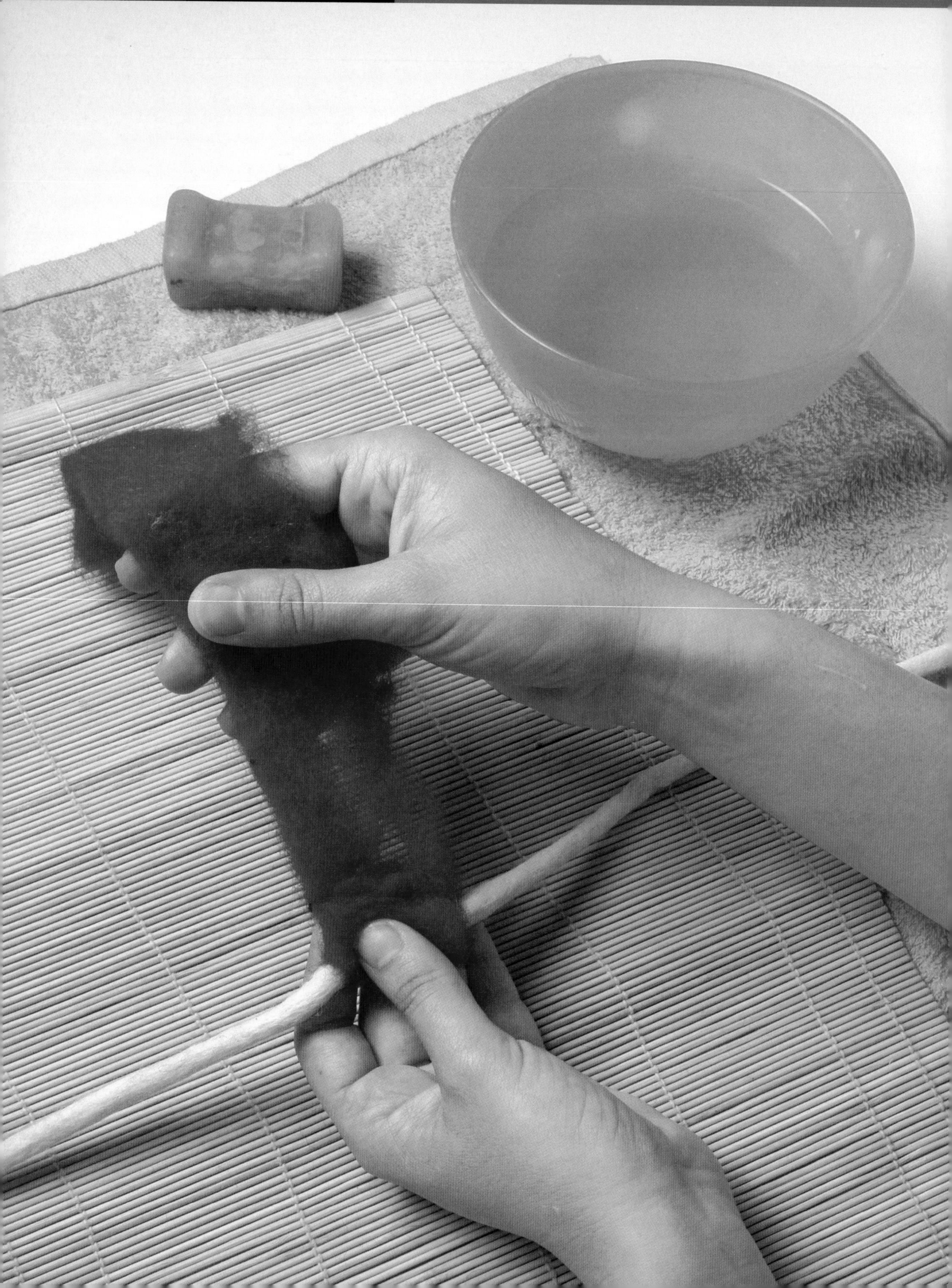

La bisutería con fieltro

A lo largo de este capítulo dedicado
al fieltro, vamos a desarrollar varios ejercicios
realizados con diferentes técnicas de trabajo.
Dado que la lana puede ser trabajada en seco o en mojado, en
plano (fieltro industrial) o en madeja, nos hemos extendido en el
apartado de técnicas para llevar a cabo varios ejercicios con los
que el lector comprenderá mejor la diversidad de posibilidades que ofrecen los trabajos en este material,
los cuales, por su textura y calidez, denominamos bisutería de invierno.

Técnicas

Las hebras de lana poseen la cualidad de encogerse por medios naturales (agua, jabón y fricción) hasta formar una unidad compacta e inseparable. A este proceso lo denominamos fieltrar.

El fieltro no sólo se consigue con humedad, también existe el proceso de fieltrado en seco, que se efectúa por medio de agujas de fieltrar. Dependiendo de la pieza que vayamos a realizar usaremos una técnica u otra. Incluso trabajaremos con láminas de fieltro abatanado de forma industrial. Ambos formatos podemos encontrarlos en tiendas especializadas.

El trabajo en plano

Trabajar con planchas de fieltro industriales representa tener medio camino recorrido, ya que nos ahorramos el arduo trabajo de fieltrar.

La rigidez y consistencia del fieltro dependen del grosor de éste. Por tanto, debemos tener en cuenta el grosor al realizar nuestras piezas.

Los fieltros finos son ideales para realizar formas y figuras que precisen muchos dobleces, como los trabajos de papiroflexia, y para piezas que no recibirán muchos roces, como los broches. Por el contrario, los fieltros gruesos resultan útiles para confeccionar pulseras, anillos y collares, ya que por su resistencia no sufrirán mucho por el roce con otras prendas.

Las uniones

El resultado final de una pieza hecha con fieltro depende en gran medida de cómo estén acabadas sus uniones, es decir, de cómo se hallen fijadas las piezas entre sí. En la mayoría de los casos usaremos pegamento instantáneo de cianocrilato, siempre con precaución y empleando algún utensilio, como unas pinzas, para evitar pegarnos los dedos.

Los tintes que se usan para teñir el fieltro pueden causar una reacción química con el pegamento de cianocrilato, por ejemplo, aumentar la temperatura en el punto de contacto del fieltro con el pegamento, llegando incluso a ponerse blanquecino. Esto suele suceder con los tonos morados. Es mejor sustituir el pegamento por hilo de coser transparente de nailon de 0,15 mm y hacer puntadas milimétricas para que queden bien disimuladas.

Algunos ejemplos de lo que se puede hacer con fieltro prefabricado.

Hacerlo moldeable

Cuando nos interesa que la pieza de bisutería que vamos a confeccionar sea tridimensional, aun usando piezas de fieltro industriales, recurrimos al material protagonista del capítulo anterior, el alambre. Explicamos este procedimiento mientras elaboramos un collar de eslabones de fieltro.

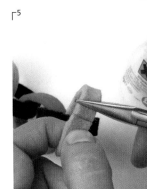

1. Como siempre, adecuamos las herramientas a los materiales. En este caso, usamos planchas de fieltro grueso, por lo que también empleamos un alambre de tamaño medio, de 0,4 mm, y una aguja con un ojo grande, adecuado al grueso del alambre.

2. Recortamos diversas tiras de fieltro, unas más largas que otras. Y según lo largo que queramos hacer el collar, recortaremos más o menos tiras.

3. Enhebramos la aguja con el alambre y la pasamos por el interior de cada una de las tiras.

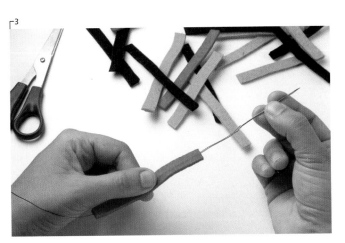

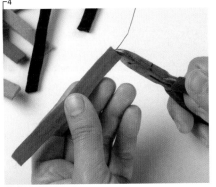

4. A continuación, cortamos los extremos de todos los alambres.

5. Con cuidado, vamos engarzando los eslabones unos con otros y pegamos los extremos con pegamento instantáneo.

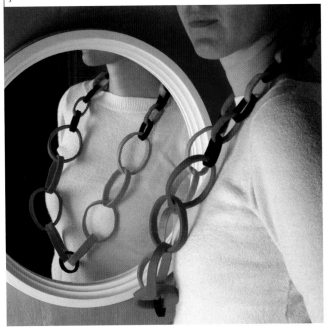

6. Una vez incorporados todos los eslabones, comprobamos que el alambre en su interior no sólo les aporta consistencia y durabilidad sino que nos permite jugar con las formas, ya que ahora es moldeable.

7. Tenemos un collar de eslabones cuya forma podemos modificar según convenga.

Fieltrado con agua y jabón

En el proceso de fieltrado en mojado desempeñan un papel igual de importante el masaje que daremos con las manos, el agua y el jabón que usamos.

Se recomienda utilizar jabón al aceite de pino, ya que transforma el agua en alcalina y esto favorece el fieltrado, pero si no disponemos de él también podemos usar jabón neutro.

Empleamos agua muy caliente durante el proceso y fría en el aclarado final, pues estos cambios bruscos de temperatura ayudan a las fibras a unirse.

En el aclarado final podemos añadir unas gotitas de vinagre para fijar los colores.

Las bolas

Las bolas son las piezas más recurrentes en bisutería. Resultan muy vistosas realizadas en fieltro y son ligeras, a pesar de su aspecto macizo y compacto.

1. Un trozo de lana en madeja, un cuenco, una cubeta, una toalla absorbente, una pastilla de jabón y agua caliente.

2. Recortamos algunos cuadraditos iguales de lana, de los que pondremos dos capas por bola.

3. Superponemos estas dos capas una sobre otra para darle volumen y cuerpo a la pieza.

4. Les damos forma redondeada en seco con las manos para facilitarnos el trabajo, pero sin manosearlas demasiado.
Dejamos preparadas todas las bolas que vamos a hacer, para no tener que ir tocando la lana con las manos mojadas.

5. Nos mojamos y enjabonamos las manos.

6. Tomamos la bola y la mojamos un poco en el agua caliente.

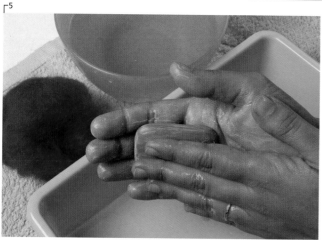

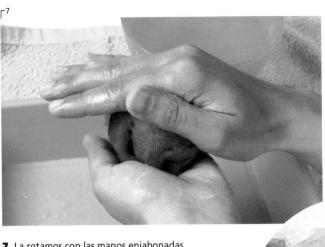

7. La rotamos con las manos enjabonadas proporcionándole un masaje ligero. Sumergimos la bola durante el proceso varias veces en el agua caliente.

8. Si vemos que se forman grietas le añadimos trozos de lana, incorporándolos en el mismo sentido de la grieta.

9. Continuamos con el masaje de agua y jabón, incrementando la intensidad de la presión con las manos.

10. La última parte del masaje consiste en ejercer presión con toda nuestra fuerza al rotar la bola.

11. Para acabar, sumergimos completamente la bola de lana en agua fría.

12. Una bola está bien hecha si resulta muy compacta y no presenta grietas al apretarla con los dedos.

Secado y agujereado

En verano, las bolas se secan de un día para otro. En invierno, podemos usar un secador de cabello para acelerar el proceso, poner las bolas sobre una toalla en el radiador de la calefacción, siempre con vigilancia, o bien colocarlas sobre un papel absorbente y tener paciencia.

Bola secándose en un papel de cocina. Al pasar las bolas para hacer una pieza de bisutería debemos esperar a que estén bien secas, para evitar que se deformen.

Con una aguja especial de ojo grueso enhebramos el cordón y lo clavamos en la bola directamente. Nos ayudamos de un alicate de punta plana para sacar la aguja. Practicamos el agujero en el momento de pasar el collar, ya que el fieltro tiende a ocupar todo el espacio y no mantendría un agujero hecho por mucho tiempo.

Las rastas

Hacer una rasta en fieltro no es sino realizar un cordón de mayor o menor grosor y largura.

Podemos utilizarla como collar o como pieza independiente. También pueden utilizarse para hacer asas en los bolsos realizados con fieltro o como complemento para el cabello.

1. Para realizar rastas necesitamos trabajar con un salvamanteles de bambú, como los que se usan para hacer *shushi*, y disponer de lana en madeja de colores, una toalla absorbente, agua caliente y jabón.

2. Colocamos el bambú sobre la toalla y preparamos un rollo de lana de unos dos dedos de grueso y el largo que deseemos que tenga nuestro collar. Lo mojamos bien con agua y jabón.

3. A continuación, enrollamos nuestra rasta en el bambú y la hacemos rodar varias veces con fuerza. Repetimos esta operación hasta conseguir un cordón homogéneo en tamaño y dureza.

4. Añadimos trozos de lana alrededor de nuestra rasta, hasta lograr que tengan bastante volumen, y les volvemos a rociar agua y jabón.

5. Hacemos rodar la rasta varias veces, hasta obtener como resultado una pieza bien compacta y pegada.

6. Añadimos un poco de lana blanca en hebras para decorarlo y lo pegamos con agua y jabón.

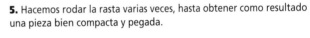

7. Después de aplicarle el terminal correspondiente, resulta un sencillo collar hecho de rastas, al que hemos añadido un par de bolas elaboradas a partir de los mismos colores.

Fieltrado con agujas

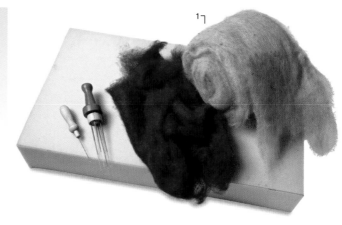

1. Todo lo que necesitamos para trabajar es una espuma para fieltrar, una aguja y lana en madeja de colores.

Para la fabricación de fieltro en seco se utilizan unas agujas especiales llamadas "de fieltrar".

Se puede usar una aguja individualmente o unas cuantas juntas, dependerá del tamaño de la lana.

Las agujas tienen los bordes serrados; en ellos, las fibras se enredan entre sí y dan lugar al fieltro.

2. Colocamos varias capas de lana sobre la espuma, y con la aguja las vamos clavando repetidamente al tiempo que modelamos la forma de un pétalo. El pétalo está terminado cuando adquiere una consistencia dura. De este modo, realizamos tres pétalos de cada color.

3. Cuando los tenemos todos, los fijamos entre sí pinchándolos con la aguja. Primero los de un color y luego los de otro color.

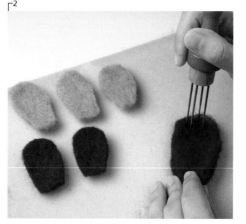

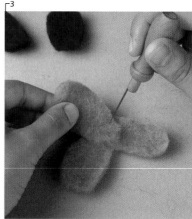

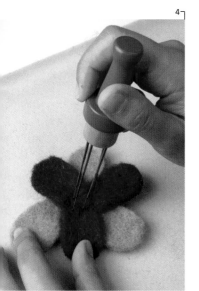

4. Les damos la vuelta para fijarlos bien también por el otro lado.

5. Tomamos un poco de lana y le damos forma redondeada con las manos. Después, lo colocamos en el centro de nuestra flor, y con la aguja lo pinchamos hasta darle forma de bola.

6. Una vez finalizada la flor, le pegamos una base de broche por detrás con pegamento instantáneo.

Bordado de filigrana

Con las agujas de fieltrar también podemos conseguir decoraciones minuciosas y muy precisas, que con la técnica en "mojado" serían difíciles de realizar.

Estas filigranas se aprecian mejor si se llevan a cabo sobre piezas fieltradas con agua y jabón, ya que las agujas clavan la lana para fijarla a la superficie, y si ésta no se halla bien compacta, la decoración se hundiría demasiado.

A continuación, decoramos con agujas unas bolas de fieltro fabricadas con agua y jabón, para lo cual necesitamos una aguja de fieltrar y lana en madeja.

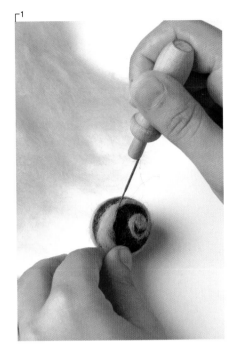

1. Superponemos una hebra finita de lana sobre la bola y con la aguja la clavamos suavemente al principio y con más energía después.

2. Trabajamos con pequeñas hebras insistiendo sobre una misma superficie a la vez. Así, avanzamos lentamente, pero el resultado de nuestro trabajo es muy limpio.

3. Ahora decoraremos con lunares, para lo cual cogemos bolitas pequeñas y repetimos todo el proceso anterior hasta completar nuestro motivo.

4. El resultado es colorista y divertido, y gracias a las agujas de fieltrar podemos llevar a cabo casi cualquier decoración que se nos ocurra, por minuciosa que sea.

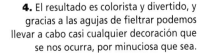

Proyectos

A lo largo de este apartado vamos a confeccionar algunas piezas basándonos en los diferentes procedimientos que hemos visto en las técnicas del fieltro, así como otras variaciones de éstas. En primer lugar, realizaremos bolas de fieltro coloreando su interior para que, al seccionarlas, nos den como resultado un colorido dibujo de líneas circulares. Seguidamente, trabajaremos de nuevo la técnica de hacer moldeable el fieltro plano, y por último, realizaremos un anillo donde haremos espirales.

Collar de bolas

Con este collar el lector puede aprender varias formas de trabajar la lana en una misma pieza, ya que elaboramos bolas de gran tamaño que decoramos a partir de círculos interiores, así nos sirven también para practicar el fileteado de éstas.

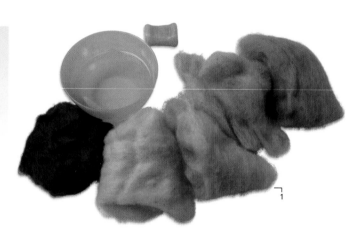

1. Para este collar hemos combinado lana de colores naranja, azul verdoso, turquesa, pistacho y azul eléctrico. Hemos utilizado jabón neutro y un cuenco con agua muy caliente.

2. Siguiendo el procedimiento de hacer bolas con agua y jabón explicado en el apartado de técnicas, realizamos seis bolas medianas en lana de color pistacho. A continuación, hacemos otras seis bolas, esta vez en lana naranja y más pequeñas. También empleamos agua y jabón.

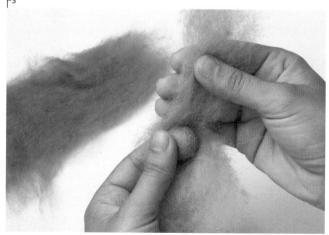

3. Modelamos tres bolas más, medianas y en color turquesa. Una vez hechas, envolvemos cada una con una capa de lana pistacho, que redondearemos con las manos, usando agua y jabón hasta conseguir que sean bolas compactas.

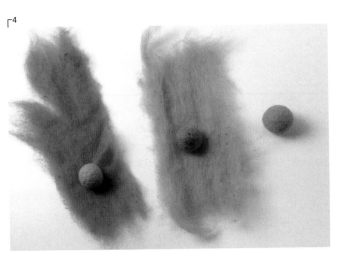

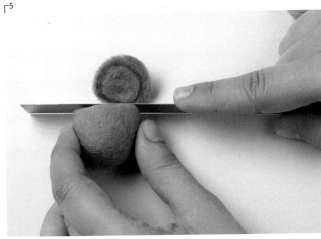

4. Tras la capa pistacho, añadimos una capa azul eléctrico y, finalmente, otra capa turquesa. De esta manera, hemos ido añadiendo capas de colores a nuestras tres bolas que, inicialmente, son de color turquesa.

5. Una vez tenemos listas las tres bolas las cortamos en sección, a manera de discos, de 2 cm de grosor, para lo cual usamos una cuchilla de corte bien afilada.

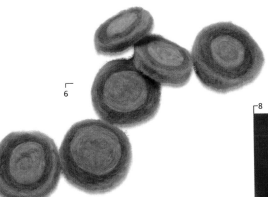

6. Habitualmente suelen resultar cuatro discos de fieltro por bola, de los cuales para este proyecto aprovechamos los dos centrales. Así, de tres bolas de fieltro se obtienen seis discos cortados.

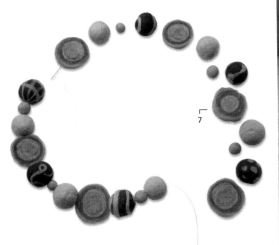

7. Colocamos las piezas en orden y las enfilamos con ayuda de una aguja de coser. En este caso, el hilo es nailon de 0,3 mm, por lo que no precisamos el alicate para sacar la aguja de las bolas.

8. Un collar muy colorido para alegrar las tardes de invierno.

Broche flor

En este trabajo complicamos la técnica de hacer moldeable el fieltro plano, un poco más elaborado en este ejercicio que en el de técnicas, ya que aquí veremos cómo podemos darle forma orgánica a una pieza de fieltro en forma de flor. Trabajaremos con gruesos diferentes de fieltro plano. Y por último, aprenderemos a colocar una base de broche de manera profesional. Para este broche usaremos un patrón de papel. Veamos cómo se usan los patrones de papel.

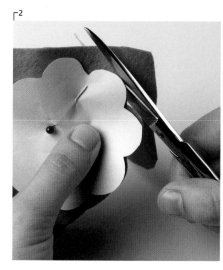

1. Preparamos una lámina fina de fieltro azul, dos láminas de fieltro grueso en rojo y verde, pegamento instantáneo, alfiler, aguja, alambre de 0,4 mm y el patrón recortado de una flor.

2. Fijamos el patrón de la flor, que hemos dibujado y recortado previamente, con un alfiler al fieltro azul y lo recortamos.

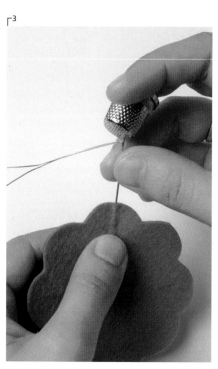

3. Enhebramos el alambre en la aguja y lo clavamos entre el tejido de fieltro, haciendo que penetre por el interior de las fibras.

4. Lo introducimos hasta la mitad de la flor, lo sacamos y lo volvemos a clavar por el mismo agujero.

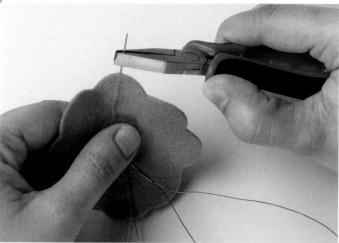

5. Acabamos el recorrido con la aguja hasta sacarla por el extremo contrario al que hemos comenzado.

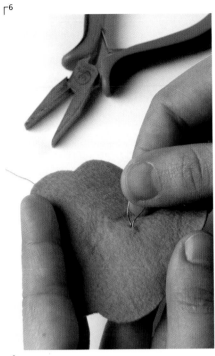

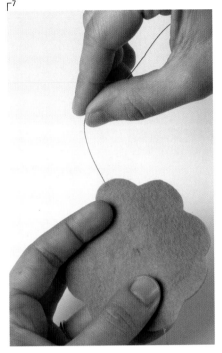

6. Debemos procurar que al tensar el alambre éste no se doble sobre sí mismo.

7. Tiramos del alambre para tensarlo en el interior de la flor.

8. Cortamos los cabos sobrantes a ras de la flor, de forma que el alambre queda oculto dentro. Repetimos esta operación recorriendo la longitud de la flor por varios puntos.

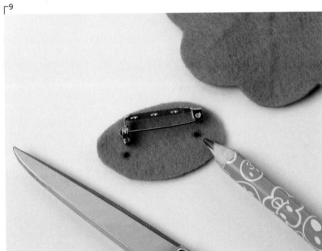

9. Recortamos una pieza ovalada del mismo tamaño que la base que vamos a colocarle al broche, y marcamos con un lápiz haciendo coincidir los extremos del broche.

10. Practicamos dos pequeños cortes con las tijeras en las marcas del lápiz y "enfundamos" el broche en ellos.

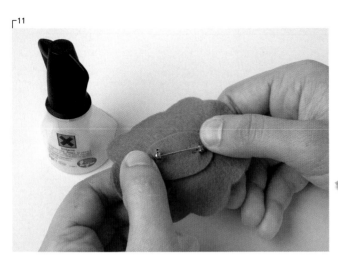

11. Lo pegamos a la flor con pegamento instantáneo.

12. Recortamos tiras iguales de fieltro verde, de medio centímetro de grosor y ocho centímetros de largo.

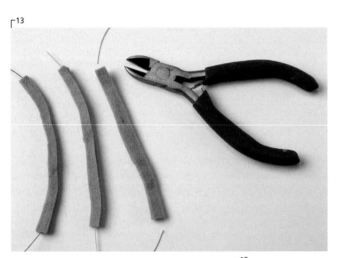

13. Pasamos alambre por el interior de cada tira con ayuda de la aguja de coser. Después, cortamos a ras los cabos salientes.

14. Cortamos las tiras por la mitad con unas tijeras.

15. Dibujamos una flor a lápiz sobre el fieltro rojo y la recortamos.

16. Repetimos el proceso de coserla con alambre en el interior, haciendo pasar éste por todos los pétalos.

17. Pegamos ambas flores, superpuestas, sólo por el centro. Finalmente, añadimos uno a uno los pistilos en verde pegándolos a la base.

18. Con las manos modelamos la flor hasta darle la forma que más nos guste.

Anillo de espirales

Al iniciarnos en el fieltro, las formas más básicas como la espiral suelen ser las primeras con las que experimentamos.

La espiral es una forma sencilla pero también elegante y que puede añadir un toque desenfadado a nuestra bisutería.

1. Disponemos en nuestra mesa de trabajo un pegamento instantáneo con base de cianocrilato, algunas láminas finas de fieltro plano en dos colores y una base de anillo para pegar.

2. Recortamos dos tiras de 1 cm de grueso y 8 cm de largo por cada color, y recortamos otras dos la mitad de largas e igual de anchas.

3. Superponemos una tira larga de color granate con una corta gris.

4. Comenzamos a liar por el extremo que sólo tiene fieltro granate hasta enrollarlo totalmente.

5. Con una gota de pegamento unimos las tiras de fieltro entre sí.

6. Repetimos el procedimiento con las tiras de color inverso, montando otra espiral. De nuevo las pegamos entre sí con pegamento.

7. Recortamos una base en forma de ocho (igual que la base de nuestras espirales pegadas) y otra en forma redonda.

8. Con pegamento, unimos las espirales a su base en ocho y, a continuación, unimos la base del anillo.
Cortamos la forma circular por la mitad pegando cada una de las partes al anillo. De esta forma, ocultamos con fieltro la base metálica dándole un acabado perfecto.

9. Añadimos unos pequeños recortes de fieltro para decorar las espirales.

Variaciones y ejemplos

Hemos trabajado el fieltro en diversas técnicas, todas ellas fáciles de realizar por los lectores. Éste es un material que podemos combinar con otros para darle un toque personal y exclusivo.

A continuación, mostramos algunas joyas de bisutería en fieltro, diseñadas y realizadas por Elvira López Del Prado, que sin duda servirán de inspiración para crear otras muchas.

Collar rasta con cuentas de cristal.
Fieltro moldeable.

Gargantilla de espirales dobles y retales planos.

Anillo Búho en espirales blanco y negro.

Anillo flor. Fieltrado con agujas.

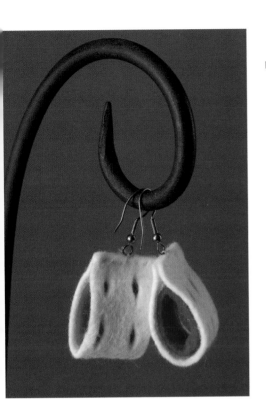

Pendientes Baraja. Fieltro plano.

Colgante de espirales en fieltro
plano blanco y negro.

Anillo rayas. Fieltro plano de
distintos grosores.

Anillo fósil (derecha) y anillo
caramelo (izquierda). Fieltro
plano y lana fieltrada.

Pulsera de medias bolas y piezas de plástico.
Lana fieltrada

Pendientes y anillo de bolas seccionadas.
Lana fieltrada.

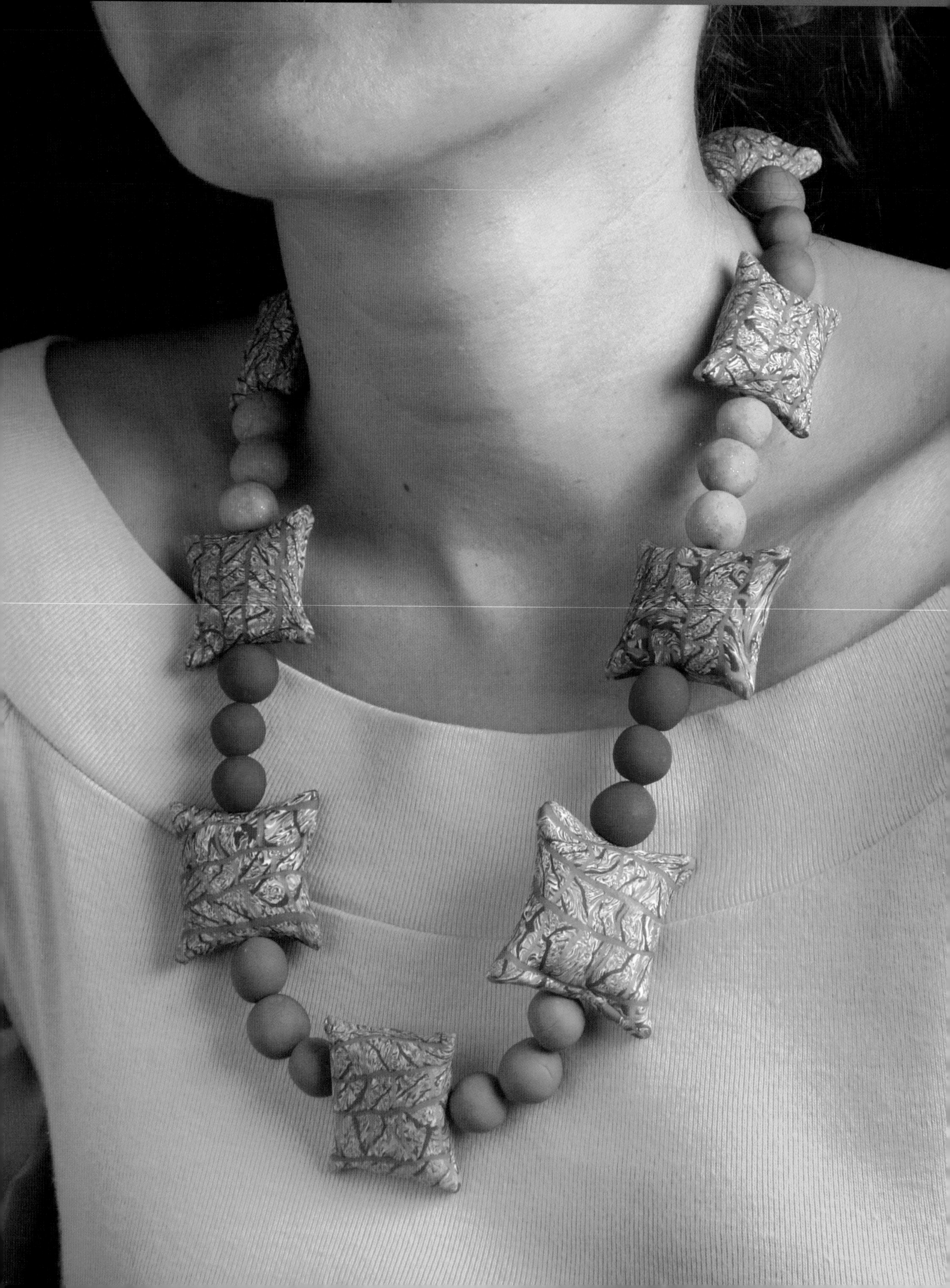

5

La bisutería con arcilla polimérica

La arcilla polimérica es un material utilizado desde hace años por los educadores para hacer manualidades infantiles, por lo que resulta fácil de encontrar en tiendas especializadas con diferentes nombres comerciales.

Tiene una textura agradable, muy parecida a la plastilina tradicional. Se puede trabajar con pocas herramientas y una vez acabado el proyecto sólo hay que cocerlo en un horno casero. Si se siguen todas las instrucciones del fabricante, no constituye un producto tóxico.

Técnicas

Este material se presta a multitud de usos creativos. La fórmula nació en la Alemania de los años treinta bajo el nombre de Fifi Mosaik, y su uso estaba destinado a la fabricación de muñecas. Más adelante pasó a llamarse Fimo y poco después se fue comercializando bajo otras marcas. En el presente capítulo, el lector encontrará desarrolladas algunas de las técnicas más populares a partir de las cuales los artesanos elaboran sus creaciones, como son la creación de murrinas, la elaboración de moldes usando arcilla polimérica, la técnica de transferir imágenes, el modelado y, por último, el horneado y acabado de las piezas hechas en este material.

La murrina

Es aconsejable acondicionar la arcilla antes de trabajarla, para ello cortaremos lonchas finas de arcilla y las pasaremos varias veces por la laminadora usando la apertura más grande de nuestra máquina. Una murrina consiste en unir varios churros de polímeros en diversos colores y en una misma pieza, armonizándolos y colocándolos de forma que se obtienen diseños muy variados. A continuación cortamos lonchas más o menos finas con las que cubriremos o forraremos tanto bolas como cualquier otra pieza.

La denominación de murrina debe su nombre a la isla de Murano, en Venecia. Es en este emplazamiento donde tuvo lugar la invención de la técnica del *mille-fiori* (mil flores), en la cual están basados los trabajos de murrinas en arcilla polimérica.

Acondicionamiento de la arcilla usando la máquina de laminar.

Anillos y colgantes realizados con murrinas.

Varios ejemplos de murrinas con motivos diversos.

Las trasferencias

Antes de empezar cualquier trabajo con arcilla polimérica hemos de recordar acondicionar nuestra arcilla para poder trabajarla mejor. Se pueden transferir imágenes a la arcilla polimérica de varias formas. Podemos imprimir la imagen deseada sobre un papel especial de *transfer* sobre tela y adherirlo al polímero para cocerlo. Si se usa este método es aconsejable barnizarlo después.

Otro sistema consiste en fotocopiar la imagen (con una fotocopiadora de tonner) y dar una fina capa de polímero líquido (se vende en un envase aparte); una vez cocido se despega con un poco de paciencia. El resultado es una imagen transparente para diversas aplicaciones.

También podemos aplicar la imagen fotocopiada directamente sobre la masa sin cocer, aplicando agua por detrás y masa-

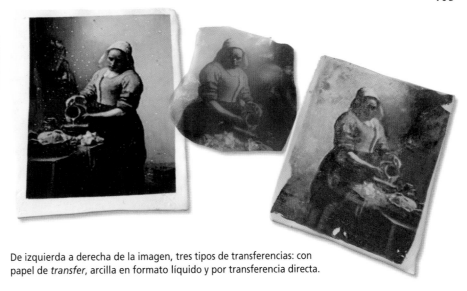

De izquierda a derecha de la imagen, tres tipos de transferencias: con papel de *transfer*, arcilla en formato líquido y por transferencia directa.

jeándolo, cuidadosamente con el dedo vamos retirando paulatinamente todo el papel, que se irá deshaciendo con la fricción, de este modo nos quedará solo la tinta dejando ver una imagen nítida, a la cual podremos dar la forma que más nos guste y después cocerla. En este caso, hay que efectuar varias fotocopias variando la intensidad de la tinta, hasta conseguir la imagen deseada.

Si le damos la forma deseada a la arcilla podemos cocerla junto con el papel, así la tinta se desprenderá más fácilmente.

Los moldes

Con las arcillas poliméricas también podemos realizar moldes rígidos (o blandos, ya que venden un formato especial para moldes) de diversas piezas que, una vez cocidos, son fáciles de reproducir.

Para realizar un molde lo primero que necesitaremos es la pieza que queremos reproducir, hemos de tener en cuenta que el molde será el negativo de la pieza. Para ello podemos usar nuestros restos de arcilla polimérica y de esta manera no gastar pastillas nuevas.

Para hacerle un molde a una pieza pequeña, como los moldes que aparecen en la imagen, necesitamos poca cantidad de arcilla, haremos una bola y la presionaremos desde el centro de la pieza estirando la arcilla hacia el exterior, asegurándonos que hemos llegado a todos los rincones, y una vez hecho esto retiramos la arcilla de la pieza y la co-

cemos (siguiendo las indicaciones del fabricante).

Un consejo para facilitarnos la retirada de la arcilla sin estropear el molde es meterlo unos minutos en el congelador, así facilitamos el desprendimiento de la arcilla, o rociar la pieza levemente con polvos de talco antes de hacer el molde.

Detalle de una reproducción con molde.

Conjunto de moldes de varias piezas.

El modelado

Si las murrinas gozan de una gran importancia en los trabajos de base que se realizan en el arte de la arcilla polimérica, el modelado en tres dimensiones constituye otro pilar fundamental del proyecto. Para modelar la arcilla polimérica podemos usar las manos y también palillos especiales de modelar, que son los mismos que se usan para el barro.

Deberemos acondicionar la arcilla previamente pasándola varias veces por la laminadora, después podemos ir dándoles la forma deseada. Muchos artistas trabajan los polímeros modelándolos para sus creaciones, por ejemplo para realizar muñecos, complementos del hogar, joyería, etc.

A diferencia del barro no es necesario ir mojando la arcilla polimérica para modelarla, se trabaja tal cual, y podemos tomar las técnicas de trabajo del barro para inspirarnos en nuestros diseños.

A continuación explicaremos uno de los procesos de modelado a partir de la creación de unas rosas que constituyen una forma cercana de entender el modelado, aunque existen múltiples técnicas para modelar.

Modelando rosas

Las flores constituyen un recurso decorativo muy vistoso, y la textura y los colores de la arcilla polimérica dotan de realismo a las piezas pequeñas destinadas a bisutería.

A continuación, vamos a realizar un colgante con una composición triangular formado por tres rosas. Pero con imaginación y creatividad podremos realizar otros motivos modelando nuestras pastillas de arcilla polimérica.

1- Preparamos tres bolas del tamaño de una avellana en los colores que deseemos, en este caso oro, chocolate y arena. Hacemos dos bolitas pequeñas por cada color.

2- Las aplanamos con los dedos.

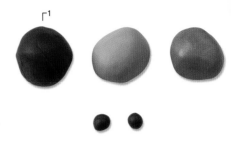

3- Y las unimos entre sí como indica la fotografía.

4- Seguimos preparando y aplanando bolitas de masa, y las colocamos solapadas, dándoles forma con los dedos.

5- Procedemos igual con los otros dos colores y, con delicadeza, unimos por detrás las flores entre sí, presionándolas para que queden bien unidas. Luego pasamos un cordón por el interior de la pieza, la cual previamente hemos agujereado y cocido.

Horneado y acabados

Una vez tenemos confeccionadas las piezas, las cocemos en un horno casero siguiendo las indicaciones del fabricante. Por lo general, se aconseja someterlas a una temperatura de 130 °C durante 15 minutos.

Es buena idea colocar un trozo de papel de aluminio sobre la bandeja del horno, así no ensuciaremos la arcilla.

Si las piezas son planas las colocaremos directamente en la bandeja, y si son redondas podemos improvisar un montaje como el de la fotografía.

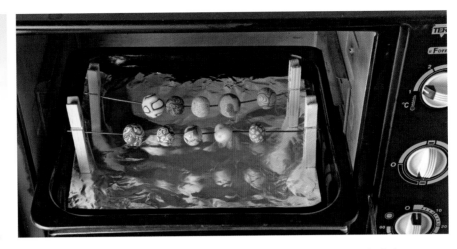

Interior del horno. Con ayuda de un alambre y pinzas para tender, introducimos las bolas en el horno. Éste ha de hallarse siempre vigilado.

El paso final es aplicar pulimento líquido. Emplearemos para ello un trapo de fibras naturales y algodón, y daremos un masaje final con un paño de fieltro para sacar el brillo.

Diferente número de lijas al agua por las que debemos pasar cada pieza. Comenzamos por un número bajo, 320, por ejemplo, y vamos aumentando hasta llegar al 1.000 o 1.200, que mantendremos un buen rato hasta conseguir un tacto sedoso.

Cuenta realizada con murrinas antes de ser lijada y pulida.

Cuenta realizada con murrinas después de ser lijada y pulimentada.

Proyectos

A partir de la realización de tres ejercicios, practicaremos las técnicas que hemos visto: el modelado, la transferencia y la murrina. Comenzaremos realizando una gargantilla realizada a base de churros de colores modelados, continuaremos elaborando un broche con camafeo, donde aprenderemos a usar la técnica de transferir imágenes usando papel especial para tranfers, además el lector conocerá uno de los usos de la pistola de calor aplicada sobre la arcilla polimérica, y por último veremos como construir una murrina imitando un tejido, y como realizar con ella unas cuentas denominadas cojín, por el parecido que tienen con los cojines.

Gargantilla modular

En este paso a paso comprobamos cómo con formas sencillas y mezclando colores puros obtenemos una gargantilla muy divertida y veraniega.

1- Nos aseguramos de tener a nuestro alcance una cuchilla para cortar arcilla, un punzón, cuatro colores de polímeros, algunas chafas, un tapa-nudos y un terminal de collar con arandelas.

2- Estiramos cada uno de los colores de arcilla hasta dejarlos finos y bastante largos.

3- Les damos forma cortándolos y modelándolos como muestra la imagen.

4- Los dejamos unos minutos sin tocarlos para que vuelvan a coger cuerpo y dureza antes de agujerearlos con el punzón. Los introducimos en el horno.

5- Una vez cocidos y enfriados pasamos un hilo de nailon de 0,5 mm con ayuda de una aguja de coser.

6- Pasamos el tapa-nudos, luego la chafa y la chafamos con el alicate de punta plana. Cortamos el nailon sobrante de la chafa.

7- Cerramos el tapa-nudos con la chafa dentro para esconderla, colocamos la arandela y el terminal. Repetimos los pasos en el cabo contrario, dejando el collar bien tenso.

8- Si variamos las formas podremos personalizarlo a nuestro gusto. En este caso, hemos emulado las golosinas infantiles.

Broche camafeo

Para realizar este camafeo vamos a usar varios materiales y herramientas. Éstos resultarán básicos y muy útiles para quienes vayan a iniciarse en las arcillas poliméricas. Así pues, recomendamos disponer de cortadores con formas geométricas, arcilla en formato líquido, pátinas y una pistola de calor.

1- Reunimos todos los elementos necesarios para trabajar: arcilla polimérica líquida, arcilla de deshecho (restos de otros ejercicios), arcilla de color blanco, betún de Judea, una máquina laminadora, una pistola de calor, un cortador en forma oval, una base de broche y una imagen impresa en papel de *transfer* para tela.

2- Con la máquina graduada al número uno pasamos la arcilla de color blanco y cortamos dos secciones iguales con el óvalo.

3- Entre ambas bases blancas introducimos la arcilla de restos, a la que previamente hemos dado forma ovalada. Lo cerramos bien con los dedos.

4- Usando el óvalo a modo de guía recortamos la imagen.

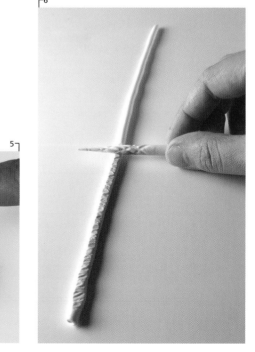

5- La adaptamos cuidadosamente a la base con ayuda de un palillo de modelar para evitar que se formen arrugas poco estéticas.

6- Realizamos un churro fino y lo decoramos con texturas usando un palillo de modelar especial para ello.

7- Lo fijamos al contorno del camafeo.

8- Incorporamos arcilla líquida por toda la superficie de la imagen y la extendemos con un pincel muy suave o con el dedo. Dejamos cocer durante 15 minutos. Al sacar el camafeo del horno veremos que queda translúcido pero no totalmente transparente.

9- Una vez cocido y enfriado, aplicamos aire caliente con la pistola; la acercamos y alejamos para evitar que se formen burbujas de aire por el cambio brusco de temperatura. El resultado es una pieza transparente y luminosa.

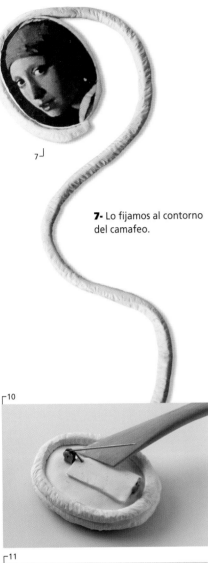

10- Le añadimos la base del broche, y lo volvemos a cocer.

11- Después le damos una capa fina de betún con un pincel, cubriendo la pieza completamente, excepto la imagen. Dejamos secar 24 horas.

12- Johannes Vermeer, maestro de la edad de oro de la pintura holandesa, supo retratar como nadie la luz. Este camafeo lo destaca gracias a la imagen mostrada, *La joven de la perla*.

Collar de cuentas cojín

Una murrina imitando un tejido estampado es la protagonista en este collar. Además, confeccionaremos un tipo de cuentas denominadas *cojín* por su forma característica.

1- Preparamos varias pastillas de colores, un punzón, un palillo de modelar de madera y una cuchilla de arcilla polimérica.

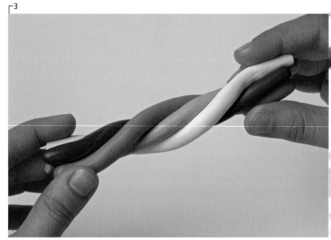

2, 3 y 4- Preparamos un churro con cada uno de los colores (no usamos las pastillas completas, sólo un trozo del tamaño de una avellana por color). Los unimos entre sí y los giramos varias veces sobre sí mismos. Y los amasamos hasta obtener de nuevo un churro largo.

5- Los cortamos en varios trozos de igual longitud.

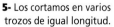

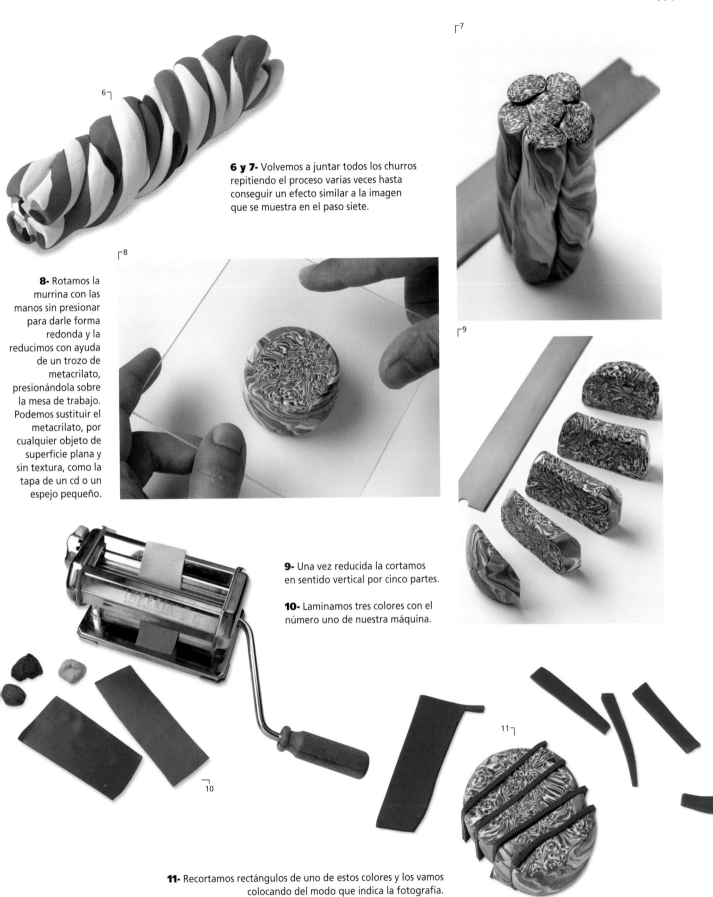

6 ⌐

7 ⌐

6 y 7- Volvemos a juntar todos los churros repitiendo el proceso varias veces hasta conseguir un efecto similar a la imagen que se muestra en el paso siete.

8 ⌐

8- Rotamos la murrina con las manos sin presionar para darle forma redonda y la reducimos con ayuda de un trozo de metacrilato, presionándola sobre la mesa de trabajo. Podemos sustituir el metacrilato, por cualquier objeto de superficie plana y sin textura, como la tapa de un cd o un espejo pequeño.

9 ⌐

9- Una vez reducida la cortamos en sentido vertical por cinco partes.

10- Laminamos tres colores con el número uno de nuestra máquina.

10 ⌐

11 ⌐

11- Recortamos rectángulos de uno de estos colores y los vamos colocando del modo que indica la fotografía.

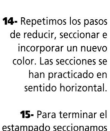

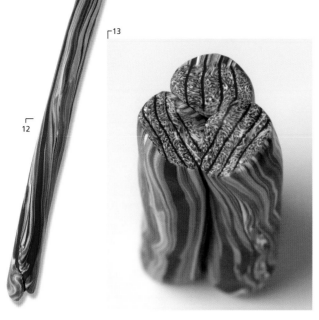

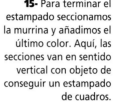

14- Repetimos los pasos de reducir, seccionar e incorporar un nuevo color. Las secciones se han practicado en sentido horizontal.

15- Para terminar el estampado seccionamos la murrina y añadimos el último color. Aquí, las secciones van en sentido vertical con objeto de conseguir un estampado de cuadros.

12 y 13- Amasamos de nuevo la murrina y le vamos dando forma de churro. Seguidamente, la seccionamos en tres partes iguales, las unimos y amasamos para darle forma redondeada.

16- Redondeamos la murrina.

17- Con ayuda de un trozo de metacrilato le damos forma cuadrada.

18- Cortamos secciones finas de 1 mm de grueso aproximadamente.

19- Con arcilla de deshecho modelamos un cojín cuadrado y lo introducimos entre dos secciones recortadas.

20- Cerramos los bordes.

21- Y lo agujereamos con un punzón.

22- Una vez cocido, lijado y pulido, obtenemos un llamativo y engañoso estampado de tela realizado íntegramente en arcilla polimérica.

Variaciones y ejemplos

La arcilla polimérica es uno de los materiales más versátiles usados en bisutería. Dada su gran resistencia, colorido y plasticidad permite, no sólo realizar piezas vistosas, sino también imitaciones perfectas de otros materiales, así como inclusiones, tinciones, pátinas, etc.

En estas páginas veremos algunas obras realizadas en polímeros creadas por Elvira López Del Prado, usando las técnicas vistas anteriormente.

Pendientes. Arcilla polimérica, papel *transfer*.

Anillos Tuareg. Arcilla polimérica.

Brazalete. Arcilla polimérica.

Colgante de rosas. Arcilla polimérica y pan de plata.

Pulsera imitación tela.
Arcilla polimérica.

Collar *millefiori*.

Medallón Frangélico. Arcilla polimérica,
pan de oro, arcilla líquida y papel.

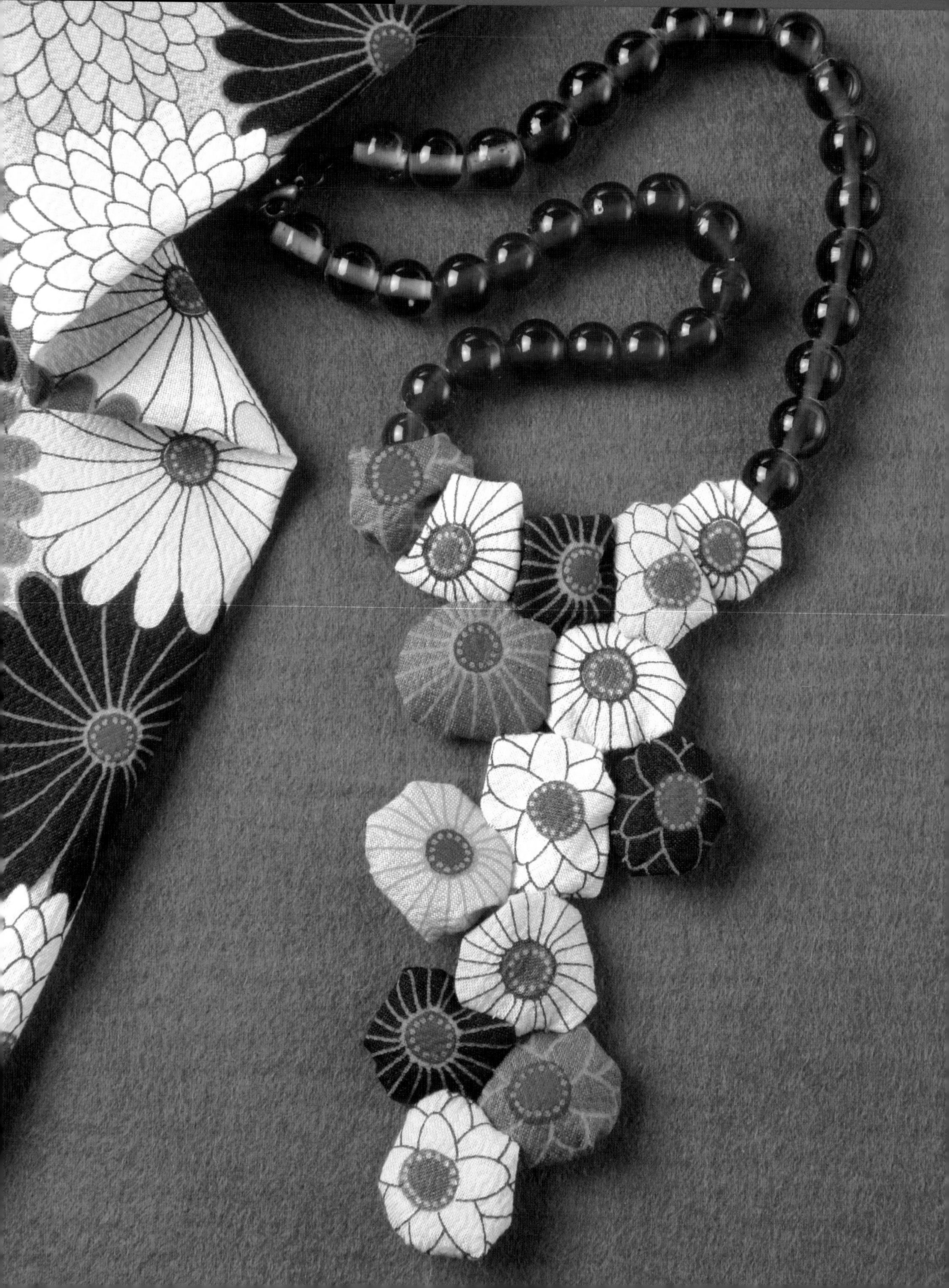

6

La bisutería con papel y tela

Si bien el uso más común de
la tela es la confección de prendas para
vestir y para el hogar, en los últimos tiempos, se
ha puesto de moda utilizar técnicas como el *patch-*
work y adaptarlas al mundo de la bisutería y la joyería.
De igual modo, podemos emplear técnicas decorativas
tradicionales en papel como el *découpage* y aplicarlas a la
bisutería a fin de obtener unos resultados muy vistosos.
Además de esto, el papel y la tela pueden combinarse
entre sí y con otros materiales aportando nuevos
estímulos creativos para el lector.

Técnicas

Hay varias formas de trabajar el papel y la tela de un modo sencillo, que nos permiten crear piezas de bisutería muy vistosas. Dos de estas técnicas son el *fuxico*, que es un derivado del patchwork y el *decoupagè*.

El *fuxico* tiene sus orígenes en Brasil, aunque esta técnica también es conocida en los Estados Unidos como *jo-jo patchwork*. El *decoupagè* fue un método decorativo importado por Francia desde el lejano oriente y que adquirió gran popularidad en la Inglaterra victoriana.

Además de estas técnicas veremos como podemos trabajar la tela forrando cuentas, y usar una técnica derivada del papel maché aplicada a la bisutería.

Fuxico

El *fuxico* es una técnica que forma parte de la artesanía tradicional del noreste de Brasil desde hace más de 150 años. *Fuxico* significa "enredo" y, en realidad, es una variedad de *patchwork* que consiste en coser de forma contigua retales circulares de tela. Esta técnica se creó para aprovechar los restos de tela que sobraban de la confección de prendas. Los círculos unidos entre sí se emplean para confeccionar bolsos, colchas, cojines, ropa de vestir… En los paso a paso siguientes veremos cómo usar esta técnica para realizar, además, bisutería.

La diversidad de tonos y el colorido en los tejidos es de suma importancia en cualquier trabajo realizado en *patchwork*.

Piezas de *fuxico* de tamaños diferentes. Parten de un retal circular por el que se ha pasado un hilo siguiendo el esquema que muestra la imagen.

Découpage

El *découpage* es una técnica de decoración que sirve para todo tipo de superficies: muebles, lámparas, cajas, etc. Su etimología proviene del francés *découper*, que significa "cortar".

Los recortes de papel decorado son pegados sobre una superficie lisa (puede ser de cualquier material) y después barnizados varias veces hasta eliminar cualquier relieve. De este modo, los recortes pegados simulan pintados.

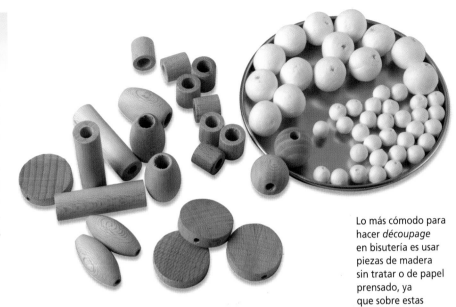

Lo más cómodo para hacer *découpage* en bisutería es usar piezas de madera sin tratar o de papel prensado, ya que sobre estas superficies se adhiere muy bien el papel.

Es preferible usar pañuelos de papel decorados en vez de servilletas o papel especial para *découpage*, ya que al contener más celulosa, resultan más finos y suaves de trabajar.

Proyectos

En los siguientes ejercicios vamos a desarrollar dos trabajos en papel y dos en tela. En uno de los proyectos en tela aplicaremos la técnica fuxico para elaborar un collar, y en el siguiente veremos como forrar bolas de papel prensado, con tela para confeccionar una divertida pulsera estampada.

En los ejercicios de papel vamos a aprender a usar la delicada técnica del *decoupagè* realizando un collar con piezas de madera y pañuelos de papel decorados. Y por último crearemos una original pulsera montada a base de canutillos de papel reciclado y encolado.

Collar de amapolas

Para este ejercicio hemos buscado un estampado floral con un motivo pequeño. Así, al recortarlo para adaptarlo a las cuentas de madera se distinguirá bien.

Ésta es una cuestión importante al buscar nuestros pañuelos decorados; los motivos estampados no deben ser muy grandes, pues si no, al recortarlos y pegarlos, las cuentas, que suelen ser pequeñas, no se distinguirían con claridad.

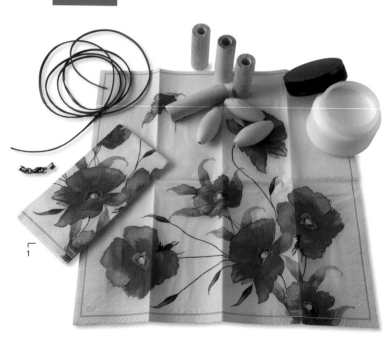

⌐1

⌐2

1- Nos procuramos algunas cuentas de madera alargadas y ovaladas, cola de madera, un cordón de cuero, un cierre de collar y un pañuelo estampado (aquí, un motivo de amapolas).

2- Despegamos la última capa del pañuelo, con cuidado de no romperlo. Esta capa es la que tiene el estampado impreso.

3- Recortamos el pañuelo a la medida justa de las piezas que vamos a forrar.

4- Mezclamos la cola con un poco de agua para que el pincel se deslice fácilmente por la superficie de la madera. La cola en sí es bastante densa, y puede rasgar el papel si la añadimos sin diluirla un poco en agua.

5- Vamos estirando el papel con la ayuda del pincel mojado en cola, con el cual recorremos toda la pieza.
El papel no debe solaparse, por ello hemos cortado la medida justa.

6 y 7- Encolamos también los extremos del papel, y los vamos doblando con ayuda del pincel.

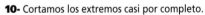

8- Con la punta del pincel introducimos los pliegues por el orificio de la madera. Dejamos secar.

9- Procedemos igual que con la pieza anterior. Esta vez tenemos en cuenta la forma ovalada de esta cuenta. Insistimos repetidamente con el pincel encolado para ablandar el papel y no dejar arrugas antiestéticas.

10- Cortamos los extremos casi por completo.

11- Introducimos lo que queda de papel por los orificios con el pincel bien encolado.

12- Cuando las piezas están completamente secas, las barnizamos. El barniz sintético transparente y brillante aporta un acabado excelente, y protege las piezas de la humedad.

13- Por último, montamos el collar usando dos cordones de cuero. Pasamos uno por el interior de la madera y el otro por el exterior. Los anudamos entre sí a cada extremo de la pieza.

14- Ésta es una manera sencilla de montar un collar. Aquí, las cuentas usadas poseen un orificio mayor que el de otros abalorios para bisutería.

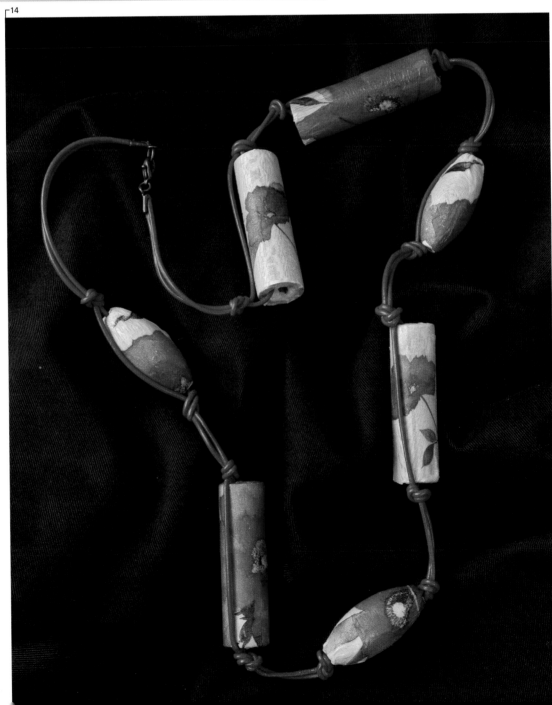

Collar fuxico

A partir de un estampado japonés de flores, hemos diseñado un collar moderno y elegante, realizado con la técnica brasileña del *fuxico*. Hemos incluido unas cuentas de cristal en el montaje del collar para darle un poco de peso.

1- Hemos adquirido una tela con estampado japonés de flores de nuestro agrado, un cordón de cuero, un ovillo de hilo de coser, unas tijeras, un cierre para collar y algunas cuentas de cristal.

2- Recortamos en forma circular los motivos escogidos, en este caso las flores.

3- Realizamos algunas bastas en forma circular a 1 cm de distancia del borde del retal.

4- Las bastas deben ser unas más grandes que otras y alternarse.

5- Tensamos el hilo para fruncir la tela.

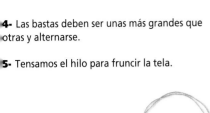

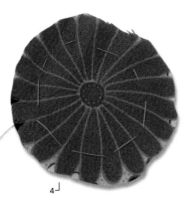

6- Doblamos el tejido hacia dentro para ir escondiéndolo en el interior de la pieza.

7- Realizamos una puntada de remate para terminar, dejando el hilo escondido.

8- Aspecto de varios recortes una vez acabados.

9- Unimos los recortes cosiéndolos de nuevo.

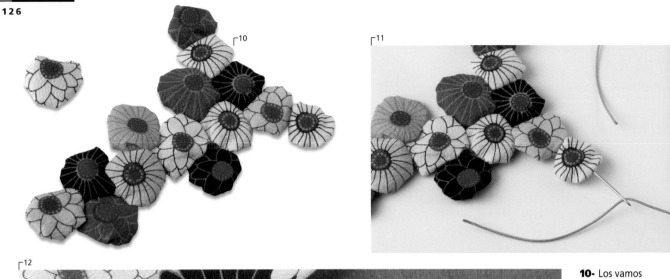

10- Los vamos uniendo hasta darles la forma deseada.

11- Los insertamos con una aguja enhebrada con el cordón. Pasamos éste por el interior de todas las piezas superiores y lo sacamos por el otro extremo.

12- Añadimos las cuentas de cristal para darle peso al collar y colocamos el cierre. El resultado es un original collar *fuxico* de inspiración japonesa.

Pulsera de tela

Además de trabajar la tela en diferentes estilos de *patchwork*, podemos usarla para envolver o forrar abalorios. En este caso, hemos utilizado bolas de papel prensado y una tela con un estampado muy llamativo.

1- Disponemos sobre la mesa de trabajo la tela estampada, las bolas de papel prensado, el hilo de coser y el hilo de silicona elástica.

2- Recortamos un cuadrado de tela por cada bola que vamos a forrar.

3- Envolvemos la tela sobre la bola.

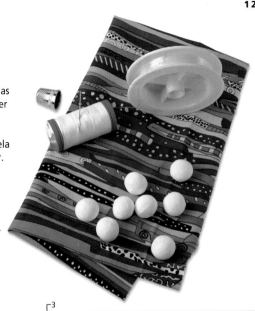

1

2

3

4

4- Lo tensamos bien, haciendo girar la bola sobre sí misma mientras sujetamos la tela por arriba.

5

5- Damos varias puntadas con la guja y el hilo para fijar la tela, y rematamos con un nudo.

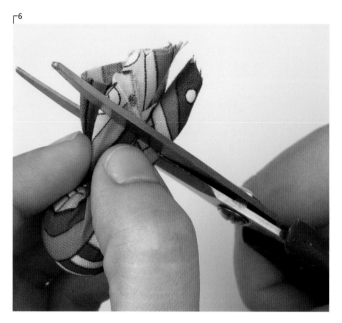

6- Cortamos las puntas para igualarlas.

7- Una vez acabadas todas las bolas con tela, las pasamos por un hilo de silicona elástica ayudándonos de una aguja de coser.

8 y 9- Una vistosa pulsera para lucir con los pendientes a juego.

Pulsera Newspaper

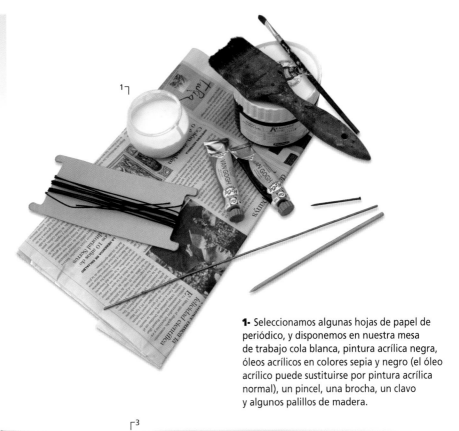

Para este paso a paso vamos a utilizar casi exclusivamente papel de periódico, que después trataremos con pinturas y colas para moldearlo a nuestro gusto.

El mercado ofrece una amplia selección de suplementos culturales, deportivos, artísticos, de viajes, etc. De entre todos ellos, escogeremos cuidadosamente los papeles con los que vamos a confeccionar nuestra pulsera; procuraremos no utilizar aquellos trozos cuyas letras son legibles, a fin de evitar adornar nuestra bisutería con noticias poco alegres.

1- Seleccionamos algunas hojas de papel de periódico, y disponemos en nuestra mesa de trabajo cola blanca, pintura acrílica negra, óleos acrílicos en colores sepia y negro (el óleo acrílico puede sustituirse por pintura acrílica normal), un pincel, una brocha, un clavo y algunos palillos de madera.

2- La pulsera está compuesta por rollos de papel gruesos y rollos de papel finos. Comenzamos por los gruesos, ya que tardan unos tres días en secarse.
Hacemos 10 rollos gruesos de unos 3 cm de largo, para lo cual necesitamos una tira de papel de periódico de 9 cm de ancho (y todo lo largo del periódico) por cada rollo. Lo encolamos como muestra la imagen.

3- Lo doblamos sobre sí mismo en tres partes iguales.

4- Lo volvemos a encolar y, con ayuda de un palillo de madera humedecido en agua, lo enrollamos dejando el palillo en el interior, para sacarlo cuando esté totalmente enrollado.
Concluidos todos los rollos gruesos, retiramos los palillos y dejamos secar los rollos durante tres días.

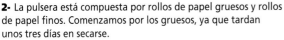

5⌐

6⌐

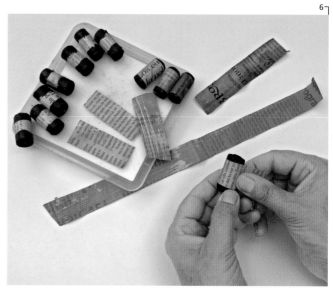

⌐7

5- Una vez secos, los lijamos un poco con lija al agua y pintamos los bordes con pintura acrílica de color negro.

6- Forramos la parte central de los rollos gruesos con tiras de papel previamente coloreadas (en óleo acrílico muy diluido) y encoladas, de unos 2,5 cm de ancho.

7- Abordamos ahora los rollos finos. Para ello, hemos pintado el papel de periódico con óleo acrílico muy diluido. Una vez seco recortamos trozos de unos 9 × 12 cm en los colores deseados (aquí, sepia y negro).

8- Encolamos y enrollamos los recortes sobre una varilla de base (de madera o metálica) humedecida en agua, igual que hicimos con los rollos gruesos, para sacarlos fácilmente después.

9- He aquí todas las piezas realizadas. Cortamos los rollos largos en tres o cuatro trozos cada uno.

10- Para el montaje, alineamos los canutillos y los perforamos dejando 1,5 cm de distancia entre cada agujero; nos ayudamos de un clavo alargado y una regla.
Una vez agujereados todos los rollos, los montamos sobre unas gomas elásticas para pulseras y las cerramos con dos nudos de seguridad.

11- Una vez montada la pulsera, recortamos los rollos finos para ajustarlos al ancho de la pieza. En la imagen mostramos dos pulseras realizadas con esta técnica.

Variaciones y ejemplos

En esta página presentamos algunas piezas que son variaciones de las técnicas que hemos explicado anteriormente, realizadas por Elvira López del Prado y Ursula Tanner, como pendientes realizados a partir de recortes de papel estampado y pegado, collares y pendientes elaborados mediante *decoupagé* mezclado con otros materiales como cadenas, collares hechos con bolas de papel pintado o encolado, papel de colores y piezas de papel reciclado.

Collar Nefertiti. Papel y plata. Pieza realizada por Ursula Tanner, 2007.

Pendientes Encaje. Piezas de madera en *découpage*.

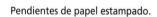

Pendientes de papel estampado.

Collar y pulsera de bolas de papel prensado coloreadas.

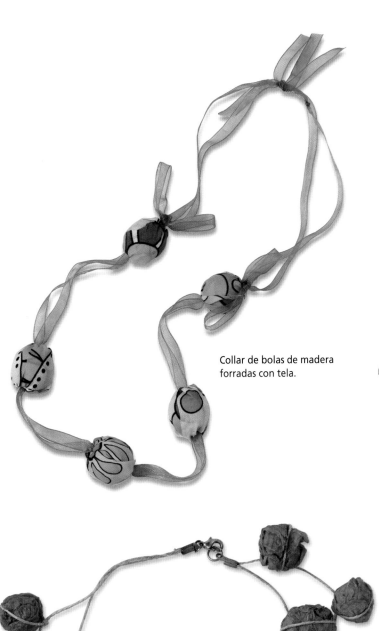

Collar de bolas de madera
forradas con tela.

Collar Tridente.
Piezas de madera en
découpage y cadena.

Anillo con bola de papel en *découpage*.

Collar de cuentas de papel
pinocho encoladas.

Galería de artistas

A lo largo de estos capítulos hemos aprendido a trabajar con materiales muy diversos. Algunos de ellos nos eran familiares por su uso cotidiano en la vida doméstica, como el papel o la tela, hemos visto ejemplos de cómo emplear para bisutería materiales que tradicionalmente están destinados a otros usos, como el alambre y el fieltro, y también nos hemos adentrado en materiales nuevos como las arcillas poliméricas.

En las páginas siguientes vamos a realizar un recorrido artístico de la mano de diversos creadores que trabajan y se expresan por medio de dichos materiales.

Natalia García de Leaniz, España. Broche *Bub* realizado en arcilla polimérica.

María Joäo Ribeiro, Portugal.
Pulsera realizada en fieltro.

Angels Cordón, España.
Anillo en alambre y cuentas de cristal, 2007.

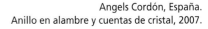

Elitsa Robert, Bulgaria. Conjunto de varios pendientes y anillos realizados en fino alambre, 2007.

Kathleen Dustin, Estados Unidos. *Victorian Broche*, broche realizado en arcilla polimérica.

Ana Hagopian, Argentina. *Tulip Gauzel*, pendientes realizados en papel.

Nel Linssen, Holanda. Pulseras de papel sobre tubo de silicona, 1997.

María Joäo Ribeiro,
Portugal. Pulsera
elaborada en fieltro.

Yoko Izawa, Inglaterra.
Collar "E" realizado
en tela.

Cucotoro, Argentina.
Broches de telas
estampadas, 2006.

Elena Relucio,
España.
Collar-bufanda en
fieltro, 2007.

Cammy Ambrosini, Canadá. *Victorian Bouquet*, brazalete de amatistas,
cuarzo, tumalina y smokey e hilo de oro, 2006.

Anna Osmer Andersen, Inglaterra.
Collar *Chain*, tela antigua, 2004.

Natalia García de Leániz, España. *Collar sandía*, realizado en arcilla polimérica.

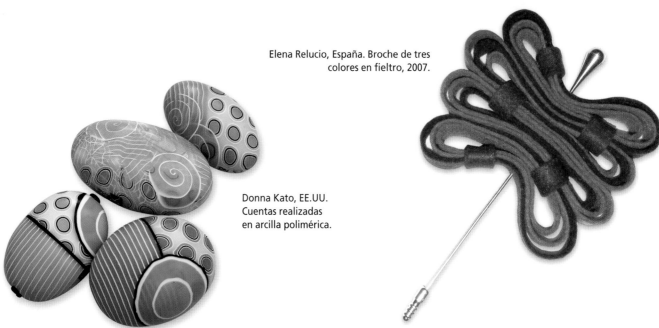

Elena Relucio, España. Broche de tres colores en fieltro, 2007.

Donna Kato, EE.UU. Cuentas realizadas en arcilla polimérica.

Nel Linssen, Holanda. Pulseras de plástico cubierto de papel, 1989.

Kathleen Dustin, Estados Unidos. *Tornado bracelet*, pulsera en arcilla polimérica.

Anette kortenhaus, Australia. *Zipfel ring felt*, anillo realizado en fieltro.

Angels Cordón, España.
Anillo en alambre y cuentas de cristal, 2007.

Yoko Izawa, Inglaterra. Collar *Pebbles*,
realizado en tela.

Donna Kato, EE.UU.
Inro realizado en arcilla
polimérica.

Noemí Gera,
Hungría.
Paper ring black,
anillo realizado
en papel.

Karen Monny, París (Francia). *Sea Urchins and Oyster broches*, broches realizados en seda.

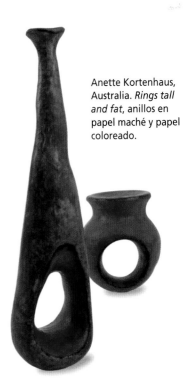

Anette Kortenhaus, Australia. *Rings tall and fat*, anillos en papel maché y papel coloreado.

María Sáiz, España. Pulsera realizada en arcilla polimérica y plata.

Glosario

Abalorio
Todas aquellas piezas agujereadas que participan en una confección de bisutería.

Acero de memoria
Hilo metálico de acero usado para realizar collares, pulseras y anillos, tiene forma de muelle y se corta según el tamaño que nos interesa. Este soporte se suele trabajar con abalorios.

Alambre
Hilo de metal obtenido por medio del trefilado.

Alicate de punta plana
Herramienta que sirve para sujetar y chafar.

Alicate de punta redonda
Instrumento para abrir y cerrar arandelas y realizar trabajos de filigrana y circulares.

Alicate de corte
Útil para efectuar cortes en hilos metálicos y pequeñas superficies metálicas.

Arandela
Hilo metálico con forma circular que se emplea para unir unas piezas con otras y encadenarlas entre sí.

Arcilla polimérica
Variedad de polímero termoplástico que reacciona y se estabiliza con el aumento de temperatura.

Barniz sintético
Disolución de varias sustancias líquidas que secan y endurecen al aire. Se aplica sobre aquellas superficies que queremos proteger de las condiciones meteorológicas.

Barra medidora de anillos
Tubo rígido con incisiones que marcan la talla y el diámetro de los anillos.

Bastón
Material básico en la confección de bisutería. Se usa incorporándole cuentas y abalorios.

Betún de Judea
Pátina de textura líquida que se le da a las piezas que van a ser envejecidas u oscurecidas.

Bisutería
Componentes de adorno femenino y masculino realizados con materiales no preciosos.

Boceto
Son todos aquellos dibujos y apuntes previos a la realización de una idea.

Bodegón
Composición, habitualmente pictórica, donde se presentan varios objetos en primer plano acompañados de otros elementos.

Brazalete
Pulsera que se lleva un poco por debajo o por encima del codo.

Cable
Hilo constituido por acero recubierto de nailon, que se emplea en la fabricación de collares cuando queremos que el hilo forme parte del diseño de la pieza.

Calibre
Diámetro interior de piezas redondas, como los hilos de alambre de cobre que se usan para bisutería.

Cascarillas
Lámina de metal muy fina para embellecer objetos, por ejemplo los abalorios.

Chafas
Pequeñas bolitas metálicas que pueden ser aplastadas con un alicate para sujetar hilos.

Cianocrilato
Adhesivo tisular adecuado para pegar todo tipo de materiales gracias a su rápido secado.

Cortadores
Piezas metálicas con formas variadas que se usan para realizar cortes limpios sobre la arcilla polimérica.

Découpage
Técnica decorativa que consiste en realizar decoraciones en muebles y objetos a partir de recortes meticulosos de papel decorado.

Diseño
Concepto original de una idea plasmado en un dibujo o una maqueta.

Efímero
Algo que disfruta de una existencia breve, ya sea porque los materiales utilizados son perecederos o porque no ha sido concebido para durar en el tiempo.

Fieltrado
Proceso mediante el cual se convierte la lana en un tejido denominado fieltro.

Filigrana
Trabajo realizado a partir de hilos metálicos muy finos unidos o soldados entre sí y creando motivos decorativos de gran valor artístico.

Fornitura
Conjunto de piezas y accesorios que forman parte de la confección de bisutería, joyería, ropa, etc.

Fricción
Acto de rozar piezas de lana para la posterior creación de fieltro.

Herramientas
Todo el grupo de instrumentos necesarios para construir algo.

Inspiración
Estímulo capaz de hacernos producir piezas originales y creativas. La inspiración se ha adjudicado tradicionalmente a los artistas.

Jabón neutro
Jabón libre de álcali que no contiene perfume ni colorantes.

Jig
Herramienta compuesta por una base agujereada y múltiples palitos. Se emplea para hacer trabajos de filigrana.

Lijas
Papeles especiales de un determinado gramaje destinados a suavizar superficies rugosas. El gramaje se especifica en su parte posterior mediante un número; cuanto menor es éste mayor es el grano y viceversa.

Máquina de laminar
Utensilio de cocina utilizado para la elaboración de pastas frescas. Los artistas lo usan para trabajar la arcilla polimérica.

Metacrilato
Material plástico, sólido y transparente cuya superficie lisa lo hace idóneo para los trabajos realizados en arcillas poliméricas.

Murrina
Churro alargado compuesto por diversas tiras de arcilla polimérica de colores que se cortan para formar motivos decorativos.

Nailon
Hilo sintético muy resistente que se comercializa en varios grosores y que se utiliza en bisutería para la confección de collares.

Organdí
Tejido de aspecto parecido a la muselina que se usa en la confección de piezas de bisutería para procurarles acabados elegantes.

Ovejas merinas
Raza de ovejas muy extendida en todo el mundo que se caracteriza por tener una lana de gran calidad.

Papel maché
Masilla creada a partir de trozos de papel machacados o triturados y diluidos en agua y cola.

Patchwork
Significa "labor de retales" y es una técnica extendida en el mundo entero para confeccionar todo tipo de prendas.

Patrones
Muestras que sirven de guía cuando se pretende hacer otro modelo igual o parecido.

Perno enrrollador
Herramienta metálica que se emplea para realizar espirales de hilo metálico de diversos tamaños.

Pistola de calor
Herramienta usada habitualmente para decapar y que los artesanos emplean para trabajar la arcilla polimérica.

Polvo de mica
La mica es un silicato múltiple de colores variados que se encuentra de forma natural en la tierra.

Proceso creativo
Camino que recorre el artista a partir de tener un estímulo que le detona la inspiración para que surja una idea, de la cual surgirá un proyecto, un diseño y, finalmente, una pieza.

Punzón
Instrumento de metal rematado en punta para realizar incisiones, grabaciones y agujeros.

Transferencia
Consiste en trasladar una imagen del papel impreso a la arcilla polimérica.

Traseras de pendientes
Tope o tuerca que se añade a la parte de atrás de los ganchos para pendientes a fin de que no puedan deslizarse de la oreja.

Trefilar
Reducir un metal a alambre o hilo pasándolo por una hilera.

Yunque
Pieza de hierro acerado donde se trabaja el metal a martillo.

AGRADECIMIENTOS

La autora quiere agradecer:

A Editorial Parramón, en especial a María Fernanda Canal, por su confianza en mí para la realización de este libro.

A Joan Soto por sus prácticos consejos sobre fotografía y composición.

A los fotógrafos independientes de cada artista, la cesión desinteresada de las imágenes.

A Mª Carmen, por sus consejos y amabilidad.

A Ursula Tanner por su colaboración en el capítulo que trata sobre papel. ursulapapereciclat@yahoo.es

A los artistas que han colaborado:

Natalia García de Léaniz
Diseñadora de joyas
www.tatanatic.com
Madrid, España

Ana Hagopián
Diseñadora de joyas
www.anahagopian.com
Barcelona, España

Alyssa Dee Kraus
Diseñadora de joyas
www.alyssadeekrauss.com
EE.UU.

Anette Kortenhaus
Diseñadora de joyas
www.anettekortenhause.com
Australia

Angels Cordón
Diseñadora de joyas
Angels.cordon@gmail.com
Barcelona, España

Anna Osmer Andersen
Diseñadora de joyas
Osmer75@yahoo.com
Inglaterra

Arthur Hash
Collateral Faculty sculpture and extended media crafts painting and printmaking.
Virginia Commonwealth University
www.arthurhash.com
EE.UU.

Burcu Büyücünal
Diseñadora de joyas
www.burcubuyucunal.com
Turquía

Cammy Ambrosini
Diseñadora de joyas de www.Bejigged.com
Nesfoudland, Canadá

Cucotoro by Inés Barbón y Sebastián Solveyra
Diseñadores de bisutería y complementos
www.cucotoro.com
Buenos Aires, Argentina

Elena Relucio Arias
Diseñadora de joyas
www.blogs.ya.com/elenarelucio
España

Elitsa Robert Altanova
Diseñadora de joyas
Elitsa.r@gmail.com
Bulgaria

Ineke Otte
Diseñadora y artista
www.inekeotte.nl
Holanda

Joan Scott
Artista textil
Joanthomasscott@msn.com
EE.UU.

Dominic Desmons
Karen Monn Paris, accesorios de moda
www.westerndesign.fr/karenmonny
París, Francia

Kathleen Dustin
Diseñadora de joyas
www.kathleendustin.com
EE.UU.

María Ribeiro
Diseñadora gráfica
www.flickr.com/photos/p0250q
www.kjoo.etsy.com
Portugal

Natalie Lleonart
Diseñadora de joyas
www.nit.bigpondhosting.com
Australia

Nel Linssen
Diseñadora de joyas
www.nellinssen.com
Holanda

Noemí Gera
Diseñadora de joyas
Noja1002@freemail.hu
Hungría

Sarah Kate Burgess
Diseñadora de joyas
www.adorneveryday.com
EE.UU.

Yoko Izawa
Diseñadora de joyas
y_izawa@yahoo.co.uk
Inglaterra

María Saiz
Artista y diseñadora de joyas
http://www.flickr.com/photos/7201667@N03/
España

Agradecer a la Fundación Barbara Berger, México, la cesión de imágenes de sus piezas de bisutería para este libro.

Elvira López Del Prado Rivas
Diseñadora de joyas y profesora de bisutería
www.lopezdelprado.com
www.cursosdebisuteria.com
Barcelona, España

Quiero dedicar este libro a Jeremy, mi marido, y a mi hija Claudia. Y agradecerles a mi madre y mi hermana su ayuda inestimable.

BISUTERÍA

Proyecto y realización de Parramón Ediciones, S.A.

Dirección editorial:
María Fernanda Canal

Ayudante de edición y archivo iconográfico:
Mª Carmen Ramos

Textos:
Elvira López Del Prado Rivas

Realización de los ejercicios:
Elvira López Del Prado Rivas
Úrsula Tanner

Diseño de la colección:
Josep Guasch

Fotografías:
Estudio Nos & Soto
Elvira López Del Prado Rivas

Maquetación y compaginación:
Estudi Guasch, S.L.

Dirección de producción:
Rafael Marfil

Producción:
Manel Sánchez

Tercera edición: agosto de 2009
© 2007 Parramón Ediciones, S.A.
Derechos exclusivos de edición para todo el mundo.
Rosselló i Porcel, 21, 9ª planta
08016 Barcelona (España)

Empresa del Grupo Editorial Norma de América Latina

www.parramon.com

Preimpresión: Pacmer, S.A.
ISBN: 978-84-342-2999-0
Depósito legal: B-28.844-2009
Impreso en España